追寻近代中国

谭徐锋 主编

历史与现实之间

——中国近代史随想录

崔志海 著

中国出版集团有限公司
研究出版社

图书在版编目（CIP）数据

历史与现实之间：中国近代史随想录 / 崔志海著 . -- 北京：研究出版社，2024.8（2025.10重印）
ISBN 978-7-5199-1587-2

Ⅰ.①历… Ⅱ.①崔… Ⅲ.①中国历史—近代史—研究 Ⅳ.① K250.7

中国国家版本馆 CIP 数据核字（2023）第 204700 号

出 品 人：陈建军
出版统筹：丁 波
责任编辑：孔煜华

历史与现实之间——中国近代史随想录

LISHI YU XIANSHI ZHIJIAN——ZHONGGUO JINDAISHI SUIXIANGLU

崔志海 著

研究出版社 出版发行

（100071 北京市丰台区右外西路 2 号中国国际出版交流中心 3 号楼 8 层）
北京建宏印刷有限公司印刷 新华书店经销
2024 年 8 月第 1 版 2025 年 10 月第 2 次印刷
开本：880 毫米 ×1230 毫米 1/32 印张：10
字数：190 千字
ISBN 978-7-5199-1587-2 定价：69.00 元
电话（010）59901918（发行部） 59901958（总编室）

版权所有·侵权必究
凡购买本社图书，如有印制质量问题，我社负责调换。

自序

　　史学是一门古老的学问,亦是一门予人智慧的学问。史学作为历史与现实之间的一场对话,它既是一门人文学科,也属于社会科学。史学的性质,决定了它的功能是多方面的:既有"究天人之际,通古今之变"的探寻历史规律的功能,也有"举得失以表黜陟,征存亡以标劝戒"的"嘉善矜恶,取是舍非"的鉴戒功能,以及近世"救国保种"、增强民族意识的爱国主义教育功能。

　　除了这些传统的、宏大的资治功能,史学还有完善人性的"淑人"功能,诸如陶冶个人情操,丰富个人精神生活,增长个人智慧,感受超越个体生命的体验,等等。诚如德国学者雅斯贝斯在回答为什么需要研究历史时所说:"因为人生是有涯的、不完全的,同时也是不可能完全的,所以它就必须通过时代的变迁才能领悟到永恒,这也是它达到永恒的唯一途径。"①

对于史学的"淑人"功能,英国哲学家罗素则做过这样的概括:"它能扩大人们的想象,并且提示对于一个未经训练的头脑所不会呈现的种种行为和感情的可能性。它从过去的生活中选择出来种种重要而有意义的成分;它用光辉的范例,它用渴望着要比无所傍依的思考所可能发现的更加伟大得多的目标来充实我们的思想。它把当前联系到过去,从而也把未来联系到当前。它使得各个民族的成长和伟大,成为活生生的、历历可见的东西,使我们能把自己的希望伸展到我们自己一生的跨度之外。"②并充满诗意地指出,现代人只有在历史中才能找到各种精神涵养和慰藉,他写道:"唯有过去才是真正实在的,而目前则只是一场苦痛的挣扎而已……活人的生命是支离破碎的、可疑的并且要服从于变化的;但是死者的生命却是完整的,不受时间之神这位几乎是全能之主的摆布的。他们的失败和成功、他们的希望和恐惧、他们的欢乐和痛苦,都已经成为永恒——我们现在的种种努力都不能消灭它们的一丝一毫。种种烦忧早已埋进了坟墓,种种悲剧只留下一幅褪了色的记忆,种种热爱都已由死神的神圣的一触而成为不朽——这些都有着

---

① [德]卡尔·雅斯贝斯:《论历史的意义》,载[英]汤因比等:《历史的话语——现代西方历史哲学译文集》,张文杰编,广西师范大学出版社,2002,第53页。

② [英]罗素:《论历史》,何兆武等译,广西师范大学出版社,2001,第6页。

一种威力、一种神奇、一种不受干扰的宁静，而没有一个现存的人是能够达到这一点的。""在'时间'的河岸上，人类各个世代的悲伤的行列正在缓慢地向着坟墓前进；只有到达'过去'的安静国土，这场前进才告结束，疲惫的过客们才得到休息，他们的一切哭泣才会沉静。"[①] 要之，历史帮助我们超越了有限的个人生命之旅，并给予我们无穷的精神慰藉和智慧。史学，乃是一门"无用之用"的大学问。

当然，也有全然否认史学功能的，认为历史就是一些人的"胡言乱语"，或认为历史充满偶然性和不确定性，根本没有历史规律可寻，因此，也就没有什么史学功能之说，至多只是人们茶余饭后的谈资和消遣。其实，说到底，史学能否发挥作用、发挥多大作用，以及如何发挥作用，最终都还是取决于历史研究者和阅读者的历史意识和历史认识及感悟。就如同美感并不完全是天生具有的，而需要一定的后天的美育培养一样。

而如同史学是一门比较综合的、模糊的学科和具有多种功能一样，史学的内容和形式亦是多样的。就史学内容来说，它涵盖政治、经济、社会、思想、军事等种种人类事象，以至马克思、恩格斯在《德意志意识形态》中说："我们仅仅知道一门唯一的科学，即历史科学。"就史学成果的来源和形式来说，既有专业与非专业、官方与民间之别，也有学术性论著与通俗

---

① ［英］罗素：《论历史》，何兆武等译，第10页。

性读物之别；既有偏重考据和历史叙事的，也有偏重历史评论和历史意义阐发的；等等，不一而足。正是这种内容和形式丰富多样的史学研究，体现了史学的无穷魅力。

本书收录的文章，内容和形式亦是多样的。根据其形式和内容，分为三组：第一组偏于政治和思想层面历史与现实的对话；第二组偏于学术史和学术评论；第三组为会议发言和序跋，记述与史学研究相关的人与事；附录为一篇访谈录，比较系统扼要地讲述了我个人的学术经历和感悟。期待这些文章能够架起与广大读者之间思想交流的桥梁，更期待得到读者的宝贵批评和指正！

这本小册子得以付梓出版，同样归功于谭徐锋君的倡议和策划。2017年编辑我的个人论文选集《近代中国的多元审视》的时候，徐锋君就建议另出版一本史学随笔之类的小册子。2021年10月《多元审视》一书出版后，徐锋君又重新与我商议此事，并就这本小册子的书名和内容编排提出了一些很好的建议。经过数次的往复讨论，于2023年7月中旬确定下来，但之后又多有些调整，最后形成这个书稿，作为中国社会科学院"长城学者计划"资助成果，付梓出版。

徐锋君的敬业精神真是令人感佩，与一般的出版编辑人只停留于编稿不同，徐锋君更偏重于图书的策划和设计，且多有编辑出版人的独特眼光和视角。如今他已正式到大学任教，在表示祝福的同时，如实记下这本小册子出版背后的故事，权作序文，并引以为谢意！

2024年5月16日写于通州大运河畔

目 录

自序 …………………………………………… 001

上篇

重建国际新秩序与儒家王道政治哲学 …………… 003
交流互鉴，构建东亚历史共识 …………………… 016
改革开放下的社会文化心态 ……………………… 023
美国在中日甲午战争中的角色 …………………… 033
美国政府与辛亥革命 ……………………………… 047
清末美国退款兴学真相 …………………………… 057
晚清商标法的颁布及其夭折 ……………………… 064
清末新政何以未能挽救清王朝 …………………… 071
蔡元培的为人与风范 ……………………………… 083

中篇

中国近代史研究范式与方法再检讨 …………… 103
晚清政治史研究的回顾与展望 ……………… 118
关于辛亥革命性质与历史评价问题的学术回顾 …… 142
2019 年的国内中国近代史研究 ……………… 152
寻找一个真实的梁启超 ……………………… 157
袁世凯与晚清政治 …………………………… 169
探寻盛宣怀的另一面 ………………………… 186
近代公园理论与中国近代公园研究 …………… 193

下篇

向前辈学习，开拓创新近代史研究 …………… 209
问题意识与中国近代思想史研究 ……………… 211
关于清史编纂体裁体例问题的一点思考 ……… 216
在纪念滦州兵谏和滦州起义 100 周年会上的发言 …… 219
在祝贺耿云志先生七十华诞座谈会上的发言 …… 222
祝贺《北京档案史料》创办三十周年 ………… 226
在 2017 年近代史系研究生迎新会上的发言 …… 229
在"当代中国学术史丛书"出版座谈会上的发言 …… 232

近代史研究为何需要多元视野 …………………… 236

加强政治精英人物研究 …………………………… 240

正确看待会议论文集 ……………………………… 243

《近代中国的多元审视》前言 …………………… 246

《近代中国的多元审视》后记 …………………… 254

《美国与晚清中国(1894—1911)》后记 ………… 256

解释晚清政治的另一密钥 ………………………… 259

《清季上海的美国人》序 ………………………… 267

对清末新政下一位蒙旗官员的再认识 …………… 273

附录　学问与人生 ………………………………… 279

上篇

重建国际新秩序与儒家王道政治哲学 *

> 王者皇也，王者方也，王者匡也，王者黄也，王者往也。是故王意不普大而皇，则道不能正直而方；道不能正直而方，则德不能匡运周遍；德不能匡运周遍，则美不能黄；美不能黄，则四方不能往；四方不能往，则不全于王。
>
> ——董仲舒

一、国际政治新秩序与儒家王道政治

在全球化浪潮的冲击之下，国际政治秩序自 20 世纪 90 年代以来发生的一个深刻的变化是，随着科学技术的进步，地球变得愈来愈小，人类认识到他们在政治经济、文化科技、军事

---

* 此文为 2001—2002 年哈佛大学燕京学社访学期间参加"全球化与儒学讨论会"的会议文章，经修改，收入本书。

风险和生态环境等方面实际上是一个密不可分的整体，人类除了维护国家主权之外，应该还有共同遵循的准则。于是，一种新的国际秩序观产生了，它要求"摆脱国家中心论的束缚，代之以人类中心论"。这种新的国际秩序观，表现在政治上，就是西方发达国家片面强调"人权高于国权"，以人权问题干涉别国内政，极力主张削弱国家主权，认为民族国家过时，是历史的错误，由此与广大发展中国家产生尖锐对立。

在重建国际政治新秩序过程中，如何消解发达国家和广大发展中国家在主权与人权关系上的分歧，也就成了其中一个重要且又必须解决的问题。在这方面，儒家王道政治哲学为我们提供了有益的启示。

首先，"王"字根据董仲舒的解释，意即"天地人也，而参通之者王也"；许慎的《说文解字》则说："王，天下所归往也。"孔子说："大道之行，天下为公。"子夏说："四海之内皆兄弟也。"它们无不体现了对天下主义的认同。并且，儒家王道世界的天下主义也以仁义为最高原则，指出"如有王者，必世而后仁"，"仁义合者称王"。而"仁"从"爱人"这一意义上解释，它是不排斥人权为最高原则的，它与现代国际社会将保护世界各国人民的人权并促进各国人民的幸福和繁荣作为国际政治活动的理念是相一致的。

根据儒家的王道政治哲学，各国没有理由反对和抵制人权问题，各国的歧异在于践行一个什么样的人权观。在儒家王道政治哲学看来,并不是奉行了仁义之道,便可称为王道,其实霸道也讲究仁义礼信。王道与霸道的根本区别在于,王道推行仁义出于内心,别无所求,也即"王者之道,其心非有求于天下也,所以为仁义礼信者,以为吾所当为而已矣"。而奉行霸道者不然,他们推行仁义,则是别有所图,"霸者之心为利,而假王者之道以示其所欲",亦即孟子所说"以力假仁者霸""以德行仁者王"。儒家王道政治哲学对王、霸所做的这一区分,对于当前人类社会在建立国际政治新秩序中如何处理好人权与国权关系问题,无疑具有警示意义。按照儒家王道政治对王、霸所做的区分,新的国际政治秩序必须避免将人权作为少数大国实现其全球战略的工具,与少数大国的霸权联系在一起,别有所图,"以力假仁",而必须将国际的人权事业看作是人类自身的内在要求,是"吾所当为"的事业,做到"以德行仁"。将人权事业与少数大国的全球战略联系起来,只能是对国际人权事业的亵渎,从而极大地破坏国际人权事业的进步和发展。

事实上,许多发展中国家之所以将西方国家提出"人权高于国权"的原则看作是新霸权主义而加以拒斥,很大程度便是因为当前国际的人权事业确乎存在"假王者之道以示其所欲"的现象。从历史上来看,广大发展中国家之所以信奉国家主权至上,很大程度就是近代西方国家进行殖民统治的结果。因此,西方国家就有必要为他们过去的殖民主义承担历史责任,与殖民主义划清界限，充分尊重和理解广大发展中国家维护国家主权的特殊感情。只有这样，才能最终有助于国际社会在人权与国权关系问题上达成共识。

儒家王道政治哲学所设计的世界政治秩序，除了行"仁义"这一内容，它还包含无偏私、无阿党、无反道、无偏侧的原则，也就是儒家常说的"无偏无党，王道荡荡；无党无偏，王道平平；无反无侧，王道正直"。儒家王道政治所说的这些原则，既是"仁义"这一王道的体现，也是"仁义"这一王道得以行天下的条件。将这些原则落实到国际政治新秩序中去，就要求国际社会应体现公正、平等的原则，彻底抛弃冷战思维，结束任何形式的军事同盟和党同伐异；按照民主化的原则改造国际组织，遵循国际法的基本准则，摈弃将一个国家的利益和安全置于他国和全球人类的利益和安全之上的强权政治和单边主义。很显然，必须将无偏私、无阿党、无反道、无偏侧的原则作为建立公正合理的国际新秩序的一个重要组成部分。如果新的国际政治新秩序不能体现和贯彻无偏私、无阿党、无反道、无偏侧的原则的话，那么，世界的政治秩序就不可能是公正、合理的。

二、国际经济新秩序与儒家王道政治

随着经济的全球化，国际经济秩序也进入了一个新的时代。与经济全球化的要求相一致，国际社会似乎都认同将市场化、贸易和投资的自由化，作为国际经济新秩序的一个基本原则。2001年初在上海召开的APEC会议上发表的《上海共识》，也重新肯定了市场化和促进贸易和投资的自由化和便利化是推动全球经济持续发展和繁荣的基石。

的确，面对滚滚而来的全球经济一体化的浪潮，任何一个国家不管欢迎还是不欢迎，都既无可反对，也无法回避。并且，经济的全球化的确也给世界经济发展提供了机遇和可能，尤其是市场化和自由化最大限度地激发了个人的主动性和创造性，从而极大地促进了人类财富的增值。但同时必须指出的是，市场化和自由化的原则，绝不意味着它是一个公平、公正、合理的国际经济新秩序。由于市场化和自由化自始至终以追求资本的最大利润为目的，同时也由于在世界经济一体化过程中发达国家和广大的发展中国家完全处在一个不同的起跑线上，因此市场化和自由化不但使发达国家的社会福利政策面临重大压力，国内不同社会群体间的收入差距拉大，而且使国家之间、地区之间的不平等和不公正进一步加剧，社会财富愈来愈集中在少数大国和这些大国的跨国公司的手中。1999年，全球前1000家最大的公司中，西方占99%，美国占494家，比1998年增加了14家；前20强中，美国就占了17家（《全球1000家公司》，1999年7月12日《商业周刊》）。1998年，全世界的国民生产总值为28.86万亿美元，人口占世界约17%

的 24 个发达国家，拥有世界生产总值的 79%；而人口占世界 83% 的发展中国家，仅占世界生产总值的 21%。生活在高收入国家的占世界人口 20% 的人群，却消费着全世界 86% 的商品、45% 的肉和鱼、74% 的电话线路和 84% 的纸张（联合国《人文发展报告》，路透社 1998 年 9 月 9 日英文电）。美国人口不到世界的 5%，却拥有超过世界其他国家总和的计算机和 26% 的互联网使用者。当美国 25% 的家庭能上互联网时，上过互联网的俄罗斯人还不到 3%，住在撒哈拉沙漠以南的非洲地区的使用者还不到 1%。发达国家公司股票的票面价值从 1998 年 10 月到 1999 年 4 月半年多的时间里，便上涨了近 7 万亿美元，这一数字超过了第三世界国内生产总值的 5 万亿美元的总额（《一个更加富裕的世界，但也有更加贫穷的人》，美国 1999 年 5 月 4 日《基督教科学箴言报》）。联合国开发计划署透露：世界上 20% 最贫困人口今天只可怜地占有世界收入的 1.1%，而 1991 年所占比例为 1.4%，1960 年为 2.3%。1998 年，世界前 10 位巨富的资产已达 1 330 亿美元，相当于所有不发达国家国民收入的 1.5 倍（《发展无国界》，阿根廷 1998 年 12 月 1 日《民族报》）。另外，第三世界国家的外债总额 2.2 万多亿美元，其中 2/3 是长期国债，平均每人欠西方约 420 美元。发达国家也曾扯起减免债务的旗帜，但为最穷国家债务减免计划提供的 50 亿美元到 70 亿美元大致是美国公民每年买运动鞋所花的钱，只占最可能获得债务减免的国家中 1/5 国家债务额的 5%

(《穷人双倍负担第三世界债务》，1997年11月5日《洛杉矶时报》）。

发达国家内部和第三世界国家内部两极分化的现象也十分惊人。就在失业率和通货膨胀率都是历年最低的美国，最底层的40%的家庭拥有的财富仅占美国全部财富的区区0.2%，从1983年到1995年，这些家庭失去了其财富的80%，其债务已超过资产。而占1%的最富有的家庭的财富却增加了17%，占美国总财富的近40%（《使强劲经济受损的5个问题》，1999年1月4日《纽约时报》）。这就是说，在最富有的美国，也结出了全球化的恶果。在非洲，在拉美（古巴除外），在东欧、中亚地区广大发展中国家的内部，收入分配的两极分化现象已经十分严重，且有进一步加剧之势。据美国《福布斯》杂志1994年第7期公布，世界上拥有亿万美元以上的巨富中，1987年拉美只有6名，但短短六七年后，便剧增为42名。而拉美的贫困人口却从60年代的9 000万增到90年代的1.9亿，全地区人均收入下降到70年代初的水平。随着全球化进程的加速，一些发展中国家腐败成风，某些权势阶层不择手段，聚敛财富，成为第三世界中暴富起来的新贵。在全球范围内，巨富数目与贫困数目联袂上升。

这种极不公正和极不合理的国际经济新秩序，给人类社会带来的消极影响是显而易见的，它不但对西方发达国家的自由的政治文化和民主制的社会基础构成了严重的威胁，而且导致一些国家和地区战争和暴力冲突连绵不断，全球毒品走私泛滥和国际恐怖主义盛行。因此，要建立一个公平、公正、合理的国际经济新秩序，就有必要在市场化和自由化原则之外找出一些与之相对应的原则，以克服市场化和自由化原则固有的弊端，让当前只追求效率和利润最大化的国际经济新秩序同时也体现出人文关怀。在解决人类这一问题上，高度伦理化的儒家王道政治哲学所提倡的"制民之产""与民同乐""仁民爱物""天人合一"等思想，也为我们提供了一个可资利用的思想资源。

对于儒家王道世界里的社会经济秩序，孟子曾做过这样的勾勒："五亩之宅，树之以桑，五十者可以衣帛矣。鸡豚狗彘之畜，无失其时，七十者可以食肉矣。百亩之田，勿夺其时，数口之家可以无饥矣。谨庠序之教，申之以孝悌之义，颁白者不负戴于道路矣。老者衣帛食肉，黎民不饥不寒，然而不王者，未之有也。"两千多年前孟子设计的这一理想社会，显然是建构在当时农业社会的自给自足的小农经济基础之上的，并不适用于当前经济全球化的时代。但孟子所说的一个理想的经济社会应该使人民丰衣足食，黎民不饥不寒，接受学校的文化教育，这依然应该是一个公正合理的国际经济新秩序所应追求和达到的目标。而要实现这一目标，国际社会不应追求单向度的市场化和自由化，尤其是发达国家在国际经济的交往中必须照顾到广大不发达国家的利益，放弃追求单边利益的扩张，应做出一些利益让步，重新检讨当前主要按照发达国家的游戏规则所制定的一系列涉及国际贸易、投资和金融的法规、协定和章程，将互惠合作和共同富裕原则放在与市场化和自由化同等重要的位置，从而为广大不发达国家的经济发展和社会繁荣创造一个宽松的国际环境。事实已充分表明，单向度的市场化和自由化绝不是一个公正合理的国际经济新秩序，它给大多数不发达国家的人民以及一部分发达国家内弱势社会群体带来的不是福音，而是无穷的灾难。国际社会应对市场化和自由化所产生的许多消极后果予以密切的关注，并加以纠正，这才是人类之福。

在儒家王道政治哲学所设计的理想的经济秩序里，除了谈到人与人之间的经济关系，还谈到了人与自然之间的关系。在人与自然之间的关系问题上，儒家王道政治哲学强调天人合一，反对无限度、无节制地利用自然资源，主张人类应顺应一定的自然规律，有限度、有节制地利用自然资源，使人民和子孙后代获得生养死葬等基本需要，并将这一原则看作是王道的开端，如孟子说："不违农时，谷不可胜食也；数罟不入洿池，鱼鳖不可胜食也；斧斤以时入山林，材木不可胜用也。谷与鱼鳖不可胜食，材木不可胜用，是使民养生丧死无憾也。养生丧死无憾，王道之始也。"

总之，一个公平、公正、合理的国际政治经济新秩序，除了贯彻市场化和自由化的原则之外，必须将互惠合作和共同富裕，以及合理利用自然资源、走可持续发展道路等原则，放在与前者同等重要的地位，并具体落实到国际经济活动的交往之中去。只有这样，才有助于建立一个真正公平、公正、合理的国际经济新秩序，为人类的永久和平和繁荣奠定坚实的基础，根除产生国际恐怖主义的土壤。

三、国际文化新秩序与儒家王道政治

伴随经济的全球化，尤其是20世纪90年代国际互联网的启用，现代传媒的迅猛发展，世界各国和各民族之间的文化交流在继承近代以来人类文化交流的基础上，以前所未有的广度和速度在全球范围展开，完全打破了国家的界限。而在文化全球化的过程中，西方发达国家，尤其是世界头号强国——美国，凭借它们的经济和技术优势，以各种不同的方式，不管其他国家的政府和人民愿意不愿意，反对不反对，一股脑儿地将它们的文化和价值观念传播和推销到世界的每一角落。于是，国际社会就遇到了如何建立一个更加互相包容、互相借鉴的文化新秩序的问题：是提倡不同文明之间的对话，还是提倡文明的冲突？是提倡和保护人类文化的多样性，还是提倡西方中心论，让人类文化充分地西化或美国化？

在如何建立公正合理的国际文化新秩序上，儒家的王道政治哲学可以说没有在积极的方面提供什么可资利用的思想资源，它主要是从消极方面提供了一些有益的教训。如前所述，儒家王道政治哲学是认同天下主义的，但儒家的天下主义又是与文化主义联系在一起的。就儒家的文化主义来说，它所持的则完全是中国中心论的立场，强调"夷狄之有君，不如诸夏之亡也"，强调"吾闻用夏变夷者，未闻变于夷者也"，主张"进于夷狄则夷狄之，进于中国则中国之"，并自称中国为"中央王国""中央国家"，将凡与自己文化不同的国家都视为未开化的蛮夷，只有接受了中国的文化，才可称为文明之邦。儒家的这一中国中心论的文化秩序观，固然对于我国统一的多民族国家的形成与发展以及中华民族共同体意识的形成产生过一些积极的作用，但它同时也严重妨碍了中国对外来优秀文化的吸收，妨碍了中国与其他一些国家的交往和沟通，尤其是到近代，极大延缓了中国的现代化进程。

同样，在建构 21 世纪世界文化新秩序中，无论是西方中心论，还是美国中心论，它们都是一种新的文化霸权主义和新的文化专制主义。他们将凡是与他们的政治制度和价值信仰不同的国家和民族都视为未开化的蛮夷之邦，甚至斥为"无赖国家""捣乱国家""人类中派不上用场的残物"和"垃圾堆"，鼓吹文明的冲突，以为只要把美式文明及其美式民主推移到世界的每一角落，便不会有对美国的利益进行挑战的国家，世界也就太平了，断言西方的自由民主政体构成了"人类意识形态进化的终点"和"人类政府的最终形成"。这种一元的世界文化秩序观，不但严重伤害了广大非西方国家和民族的感情和自尊，导致了不同民族、不同文化和不同宗教之间的相互敌视，而且也扼杀了人类文明的多样性。其实，文化的落后和进步是相对的，反观人类文明的历史，可以说世界上的每个民族在文化上都有着他们独特的经历和精神追求，都有其辉煌的时刻，人类没有理由也不应该以一种强势文化压迫甚至消灭一些弱势文化。以美国化和西方化取代文化的全球化，这只能是人类文明的悲哀。

在建立世界文化新秩序过程中，人类应该记取中国中心论留下的深刻教训，克服文化沙文主义，将提倡并保护人类文化的多样性，提倡不同文化的共存、交流和沟通，提倡不同文化和文明的互鉴和学习，作为建立世界公正合理的文化新秩序的唯一原则。正如联合国教科文组织第31届大会通过的《联合国教科文组织宣言》所说的那样：文化在不同的时代和不同的地方具有各种不同的表现形式。文化多样性对人类来说就像生物多样性对维持生物平衡那样必不可少，从这个意义上说，文化多样性是人类的共同遗产，应当从当代人和子孙后代的利益考虑，予以承认和肯定。文化多样性是发展的动力之一，它不仅是促进经济增长的因素，而且是个人和群体享有更加令人满意的智力、情感和道德精神生活的手段。捍卫文化的多样性与尊重人的尊严是密不可分的。每个人都有权利用自己选择的语言，特别是用自己的母语表达思想，进行创作和传播自己的作品。

最后，在重建国际新秩序中，世界几个主要大国，特别是世界头号强国美国，应摒弃冷战思维、霸权思维，破除各种中心论思想，汲取儒家王道政治哲学的"仁义""爱人""天下为公""四海之内皆兄弟"以及"制民之产""与民为乐""仁民爱物""天人合一"和"和而不同"等思想，合力消除战争、贫困、痛苦、灾难和恐怖主义，使国际社会早日成为一个和平共处、守望相助的大家庭。

交流互鉴，构建东亚历史共识 *

一、问题的提出

中、日、韩三国一衣带水，同属东方文化。在过去漫长的历史长河里，中、日、韩三国之间虽然多数时候和平相处，但也曾发生矛盾和冲突。尤其在进入19世纪之后，三国之间曾多次爆发战争，给三国人民带来巨大痛苦和牺牲。

20世纪末，随着冷战的结束，中、日、韩三国的交往日益密切，如何看待和书写三国各自的历史，如何看待和书写历史上三国之间发生的关系，不只是一个单纯的学术问题，还直接影响三国之间的国家关系和国民感情，进而成为一个三国间

---

* 此文以2009年底在韩国访学期间参加中、日、韩三国历史共同研究学术讨论会而提交的发言稿为基础修改而成。发言稿原载《共享历史对话的经验及探索出版韩中日公用教材的可能性》，首尔，韩国东北亚历史财团，2009。

的国际政治问题。根据 2009 年 11 月中国《瞭望东方周刊》与日本《读卖新闻》共同进行的大型中日问题抽样调查统计，在"进一步增进中日友好关系，两国应该优先解决以下哪一个问题"的选择上，中日两国民众均不约而同地把"认识历史问题"放在了第一位，日方有 35% 的人选择了此项，中方的比率为 35.8%。由此足见历史认识问题在增进两国相互关系中的绝对重要性。

为了消解三国在历史问题上的歧见，增进历史共识，在过去的几年里，中、日、韩三国学者在国家和民间等层面开展了三国历史共同研究。应该说，这是一件很有意义的工作，并且也取得了一些初步成果。如 2005 年出版的由中、日、韩三国学者共同撰写的《东亚三国的近现代史》，就在三国之间产生一定的反响，它是第一部由三国学者共同撰写的东亚近代史著作。但另一方面，三国学者开展的历史共同研究所取得的成果离人们的期望和要求还相去甚远，即使是从事历史共同研究的学者，可能也对其结果甚为不满。

反思以往我们的历史共同研究为何成果不显，未能达到增进历史共识的预期目标，原因肯定是多方面的。但就共同研究本身来说，缺乏一些清晰、具体并具有科学性、可操作性的指导原则，恐怕是其中一个重要原因。

在以往的历史共同研究中，我们虽然也提出并遵循了一些原则，诸如"求同存异"原则、"面向未来"原则，但这两个原则都有很大的缺陷。以"求同存异"原则来说，它固然具有一定的可操作性，但只是一种权宜之计，回避了历史价值判断这个原则性问题。可以说，如果我们始终以"求同存异"为原则，不在历史价值判断标准这个关键问题上达成共识，我们的历史共同研究将永远不能达到增进历史共识的目的。"面向未来"原则，确乎具有更高层次的指导意义，但它不够具体、清晰，缺乏可操作性，同样没有明确告诉我们历史价值的判断标准是什么，我们所面向的未来应该以什么为原则。因此，本文拟以一位独立的历史研究工作者的身份，就中、日、韩三国学者如何更好开展历史共同研究，增进历史共识，谈些个人的看法，以与三国学者共同探讨。

二、建立判断历史价值的共同标准

历史作为一门古老的学问，它在古代就与激发民族或种族意识结合在一起。到了近代，各国的历史更加普遍地笼罩在民族国家的书写之下，不同程度地存在宣扬民族主义倾向，将历史看作进行爱国主义和民族主义教育的最好教材。

鉴于民族国家为19世纪以来各国普遍接受和认同的国家模型，以往普遍存在于各国历史叙述中的民族国家意识和民族主义情结有其一定的现实性、合理性和积极因素，并在很长一段时间里仍将继续保留在各国的历史书写之中。另一方面，我们必须清醒地认识到，由民族国家所激发的极端民族主义在20世纪上半叶曾导致两次世界大战，使无数生灵死于战火，人类遭受巨大的物质和精神损失，留下迄今仍难以完全治愈的战争创伤。

为避免极端民族主义给人类社会造成的灾难，国际社会在第一次世界大战之后，就对近代民族国家的历史进行反思。中国知识分子也有感欧战的教训，提倡理性的民族主义和理性的爱国主义，将民族主义与人类大同理想有机地结合起来。第二次世界大战之后，国际社会成立了更具有权威性和广泛性的国际组织——联合国，以维护人类社会的和平。今天，随着现代科技的飞速发展，随着全球化进程的加深，世界变得越来越小，各国的相互依存与相互影响超过历史上以往任何一个时期。

随着时代的发展，我们在开展三国历史共同研究中，应在尊重国家主权的基础上以维护平等、和平，关爱人类，珍惜生命，促进人类社会进步，作为我们判断历史价值的共同标准。只有在此基础上，我们的历史共同研究才能最大限度地实现增进三国历史共识的目标。

并且，值得强调的是，从长远来看，以维护平等、和平，关爱人类，珍惜生命，促进人类社会进步，作为我们三国进行历史共同研究的一个指导原则，或者出发点，与民族国家史观并不冲突。以往的历史经验表明，极端的民族国家史观在历史研究中宣扬极端民族主义，既不利于一国国民正确认识本国的历史，也不利于正确对待与其他国家的关系，只能助长不同民族国家之间的猜忌、不和，乃至战争，最终遭受伤害的还是相关国家的人民。认识到这一点，对于我们在历史共同研究中克服极端民族主义偏见，具有重要意义。

三、维护历史研究的学术独立性

历史研究作为人文学科中的一项基础性学术活动，它一方面离不开各国政府和一些机构组织及财团的支持，但另一方面我们必须充分认识到历史学作为对既往人类活动的一种研究，无论人们将它看作是一门实证科学，还是看作"一半是科学，一半是艺术"，它都有其客观性和独立性；探求真相和真理，始终都是历史学最主要的使命。因此，历史学的功能不只是宣传爱国主义和民族主义，它本质上是一门使人聪明的学问，通过对以往人类社会历史进行客观的考察，对复杂多样的历史现象做出科学的解释，可使人们从中得到启发，汲取智慧。

历史研究作为一门学问，既然有它特定的研究对象、任务、本质和价值，中、日、韩三国历史学家在从事共同研究中理所当然就应遵循历史学的要求，最大限度地维护学术研究的独立性，与政府和有关组织及财团保持一定的距离，既不能为迎合政府或某一机构或财团的意旨，违背历史科学，做违心之论，也不能个人感情用事，歪曲真相。尽管我们的研究活动受政府和相关组织及机构的资助，但作为知识分子，我们在研究中必须要有一种独立的精神，只对真理馨香顶礼，对三国的历史坦率诚实，秉笔直书，既乐于接受我们光荣的历史，也不回避和掩盖我们不光彩的历史。这是从维护历史研究独立性的消极方面而言。

从维护历史研究独立性的积极方面而言，我们还有责任进一步向我们的政府以及资助我们的组织机构和我们的人民阐明这样一个道理：历史是过去发生的事情，无论是光荣，还是不光彩，都属于前人；告诉后人一段真实的历史只有好处，没有坏处；了解一段真实的历史，可以使我们接受历史教训，在处理问题上更加理性，避免历史悲剧重演，从而造福个人、国家和人类。诚如公元2世纪古罗马帝国时代的一位哲人所说："历史只有一个任务或目的，那就是实用，而实用只有一个根源，那就是真实。"并且，学术研究保持一定的独立性，事实上对政府政策的纠错也是一件有益的事情。

四、理性看待中、日、韩三国历史和历史认识问题

中、日、韩三国之间存在一些历史和历史认识问题，这是一个客观事实。这些历史和历史认识问题一定程度上影响了三国之间的国家关系和国民感情，这也是一个客观事实。

对于历史和历史认识问题，一方面我们要加以重视，不能

回避，应理性对待，以一种科学的态度，研究它们是如何产生的：是因为人们对历史真相不了解，或历史真相有不同的记载，还是因为民族感情和其他现实的因素，导致人们对同一历史真相产生不同的认识？如果是前二者，它属于历史研究中遇到的正常问题，我们可通过正常的学术途径和方法加以解决，即考察这些不同历史记述所依据的史料，并加以比较、考证，判断哪一种史料的记载更接近事实，从而达成一种共识。如果是后者，问题就要复杂得多，它可能牵涉历史观和意识形态问题，很大程度上已超出历史学所能解决的范围。但无论是前二者，还是后者，我们都须加以正视，不能以"求同存异"为借口，只狭隘地认同自己所认可的历史叙述，完全无视与己不同的历史解读。在中、日、韩三国的历史和历史认识问题上，深切了解和认识彼此的歧异及其根源，是我们构建东亚历史共识的基础之一。

另一方面，对于三国之间存在的历史和历史认识问题，我们也不能走向另一极端，人为地强化和渲染。尤其不能因现实的政治需要，或仅仅为了新闻效果，引发轰动与关注，人为制造一些所谓的历史和历史认识问题。事实上，即使对于真实存在的历史和历史认识问题，我们也应在尊重历史科学的前提下，本着增进三国历史共识，维护东亚和世界和平的愿望，采取一种"面向未来"的态度，加以化解，多做一些有益于弥合三国历史伤痕的事情，少做一些在历史伤痕上撒盐的事情。

改革开放下的社会文化心态[*]

改革开放，实现四个现代化，是一项复杂的社会系统工程，它不仅是对客观世界的改造，同时也是对主观世界的改造。在主客两者之间的关系上，作为主体的人虽然受经济、政治等社会客观条件的制约，但这些制约主体的客体本身就是人类实践活动的结果。人不发展，社会也就不可能发展，社会发展不可能超越人本身的发展水平；相反，人的主体意识和能动性倒决定了人的发展具有超越社会现实的能力。因此，社会的现代化，首先离不开人的现代化，尤其是人的思想观念的现代化。正如《人的现代化》一书所说："人的现代化是国家现代化必不可少的因素。它并不是现代化过程结束后的副产品，而是现代化制度与经济赖以发展并取得成功的先决条件。"今天，在改革开放到了逆水行舟、不进则退的紧要关头，更需要我们

---

[*] 原载《改革》1989 年第 2 期。

对当前的社会文化心态进行深刻的反思和认真的总结，引导千百万人民群众在改革开放的形势下，具有健全的文化心态。

应该说，十年改革，十年巨变，给中国人民的精神面貌带来了前所未有的变化；没有人民群众精神上的这种变化，就不会有今天的改革开放。但是，正如改革处在两岸不到头的过渡阶段一样，时下的社会文化心态也正处在沉痛的裂变之中，新旧杂陈，人们的文化心态与改革开放的潮流还存在着诸多脱节，使本已困难重重的改革开放雪上加霜，造成一种无形但又无所不在的巨大阻力。这些对改革开放起负作用的文化心态主要表现为以下几点：

第一，恋旧的文化心态。经过百年来进化思想的洗礼，古人我们已不再效仿了，也不再顶礼膜拜了，在理智上也很少有人会说真的愿意回到改革前的年代里去，但数千年来积淀下来的好古的民族文化心理似乎并没有销声匿迹，一种"流水落花春去也"的恋旧情结在一部分人身上根深蒂固。改革中遇到一些困难，产生一些弊端，或者只是碰到一桩自己看不顺眼的小事，便油然涌起一股幽幽的恋旧情愫，信口便道过去是怎样怎样好，价格是如何便宜，社会是如何安定，交通是如何方便……谈起往事，津津有味，一往情深，犹如"白头宫女谈开元遗事"，"垂暮英雄忆壮年战迹"，大有今不如昔之慨。这种不健康的文化心态不仅美化过去，无视或贬低现实社会的进步，更主要的是在困难面前不能引导人们向前看，只是在虚幻的不可回复的往事里遣情排怀，其结果使已使人气馁，对改革的前途失去信心。

第二，求全的文化心态。在改革开放形势的鼓舞下，向来安贫乐道的中国人再也不满足现状了，人们要求改造社会的愿望比历史上任何一个时期都要来得强烈，但长期形成的"只求无过，不求有功"的求全文化心态仍然束缚着中国人的手脚，妨碍着中国人对现状的突破。为了求全求稳，人们在言行上谨小慎微，唯唯诺诺，害怕竞争，害怕冒险，谦让退守，随波逐流，蹲在办公室或书斋里"安安稳稳过日子，太太平平度时光"，从而扼杀了个人的进取创造精神，断送了个人改变自身命运的机会。同时，在这种求全的保守文化心态支配下，人们对社会上涌现的新事物也必然不是去理解它，扶持它，客观地评价它，而是求全责备，百般挑剔，不愿为改革开放带来的好处付出任何牺牲。正如鲁迅先生所说的，"我独不解中国人何以于旧状况那么心平气和，于较新的机运就这么疾首蹙额；于已成之局那么委曲求全，于初兴之事就这么求全责备"（《华盖集·这个与那个》）。不仅如此，当前社会上出现的"高期望，低承受"现象，说穿了也是求全文化心态的一种折射。正是由于我们求全，对前进道路上可能遇到的问题和困难估计不足，总以为改革一切都是顺当的、纯真的、美妙的，于是当一些政策措施与自己的愿望和要求相冲突时，便自然产生上面这种失衡心理。相反，要是我们始终认识到历史上的每一次进步都是要付出代价的，那么，即使遇到再大的风浪，我们也不至于惊慌失措，而可做到临危不惧，勇往直前。因此，在前进的道路上，我们必须摆脱求全文化心态的桎梏。

第三，短视的文化心态。随着新技术革命的到来，随着中国与世界交往的日益增多，我们的见闻比过去广博了，但矛盾的是我们对自身存在的短视文化心态却少有反省。首先在人生观上，我们很少有人问过自己人生的目标是什么，而大多有朝不虑夕，假日偷乐之心。在日常生活上，我们大多又鼠目寸光，只图眼前利益，不顾长远利益。例如，社会上的急功近利，不重知识，全民经商，不顾生态环境平衡，竭泽而渔，滥猎滥捕，滥砍滥伐，只图一时之痛快……诸如此类的短视行为，不一而足。短视行为的另一种表现是缺乏毅力和持之以恒精神。由于没有一个长远目标，因此人们办事急于求成，知难而退，有始无终，头痛医头，脚痛医脚，今日抓农业，明天抓工业，到头来一事无成。这种短视的文化心态在实质上与我们实现四个现代化，使中华民族重新跻身于世界先进民族之林这一宏伟目标不相协调，改革开放需要我们具有放眼全人类、赶超世界先进水平的深远目光。

第四，"坐车者"的文化心态。在我国，个人、集体的一切问题长期以来都由国家做主、统包，久而久之，上上下下便养成了一种"坐车者"的文化心理，即每个人都是车上的乘客——一个缺乏自主的依赖者，一个评头论足的旁观者。车开得好，一路平安，固然无话，拍手称好；要是车开得有点颠簸不稳，或者中途抛锚，则不问其中缘由，便在一旁捶胸顿足，对开车者大加抱怨，甚至辱骂。现在社会上存在的只讲权利，不尽义务，坐而论道，爱发牢骚，搪塞责任，对与自己没有直接关系的国家大事不闻不问，采取一种"肉食者谋之"的态度，认为除了我，自有能人来担当的现象，就是"坐车者"文化心态的具体表现。这种心态与改革开放的潮流格格不入。改革开放是千百万人民群众自己的事情，它要求我们充分发挥主人翁精神，积极参与，群策群力，共渡难关。同时，也只有投身到时代的洪流中去，我们才能亲身认识到改革的艰难和它的伟大意义，从而唤起我们的责任感和使命感。

第五，官崇拜的文化心态。在社会主义制度下，官从理论上来说，是人民的公仆，但当前社会上存在的"万般皆下品，唯有做官高"的官崇拜文化心态却与此大相径庭。在官崇拜文化心态的笼罩下，人们看待一个人的价值，不是看他能力的高低、贡献的大小，而是看他的官职如何，将官职、官阶视为人的"一般等价物"，信奉权力至上，相信有权即真理，有权即有一切；在待人接物上，重官贱民，重官轻士，看车不看人。流风所及，致使社会各行各业、男女老幼，都以当官、当大官为人生最高目标。社会上的这种近似迷狂状态的当官心理不仅抹杀了改革开放下人才多样化的要求，不利于专门人才积极性的调动，而且在政治上助长官僚主义、瞎指挥、特权思想，在社会上滋生出溜须拍马、狐假虎威、助纣为虐等诸多蛀虫,与平等、自由和民主的改革思潮不相符合。

第六,"好伪"的文化心态。虚荣、自欺欺人,一直为一切正直的中国人所不齿。鲁迅先生在这方面给我们留下了大量振聋发聩的精辟言论。他说:"其实,中国人是并非没有自知之明的,缺点只在有些人安于'自欺',由此并想欺人。譬如病人,患着浮肿,而讳疾忌医,但愿别人糊涂,误认他为肥胖。妄想既久,时而自己也觉得好象肥胖,并非浮肿;即使还是浮肿,也是一种特别的好浮肿,与众不同。"(《且介亭杂文末编·立此存照(三)》)又说:"中国人的不敢正视各方面,用瞒和骗,造出奇妙的逃路来,而自以为正路。在这路上,就证明着国民性的怯弱,懒惰,而又巧滑。"(《坟·论睁了眼看》)遗憾的是,时至今日,这样的事情在我们的现实生活中仍比比皆是,屡见不鲜。政治生活上阳奉阴违,言行不一;报喜不报忧,欺上瞒下,弄虚作假,谎报成绩,粉饰太平。社会生活中存在繁文缛节,讲排场,比阔气,空架子,金玉其外败絮其中,攀比之风盛行,等等。这些现象对我们今天的改革事业危害极大。将短处遮掩起来,采取"不承认主义"态度,讳疾忌医,结果就无法及时纠正和克服前进道路上出现的问题和失误,养痈遗患,得不到人民群众的理解和支持。此外,虚荣还严重地搞坏了社会风气,与改革所要求的勤俭创业、脚踏实地的务实作风背道而驰。

第七，崇洋的文化心态。在改革开放浪潮的冲击下，夜郎自大，故步自封，盲目排外的人是不多了，而一种相反的盲目崇洋的文化心态却又在社会各阶层广泛地蔓延开来。因受西方一些发达国家物质生活的迷惑，有些人总以为自己要比洋人矮一截，事事不如人，自轻自贱，骂娘、骂祖宗，丧失民族自尊心、自信心和民族荣誉感。因此，见了洋人礼遇有加，见了同胞冷眼相看；听了洋人的话总以为对、有道理，对中国人说的话总不相信，不当数；对洋货趋之若鹜，盲目引进，对国货不屑一顾，大加贬低；遇着洋人的倨傲、戏弄，也觍着脸让人啐，泰然处之，似乎中国人的骨头就这样的软；还有那些与洋沾点儿边的中国人，也因自己身上的那么一点洋气，便在同胞面前大肆炫耀、吹嘘，似乎自己就比一般的同胞高了一等。殊不知一个人在外人面前丧失人格、丧失气节，实际上也就失去了一个人作为人存在的价值。著名的法国作家罗曼·罗兰说得好，"人就其人格而言，和天使一样伟大"。同样，一个丧失自尊、丧失勇气的民族，她也永远不可能建成一个令人尊敬的世界强国。

第八，"为我"的文化心态。在社会主义初级阶段，要求人人都做到大公无私，无视或否认个人利益，这既不可能，也不可取。但当前社会上一些人走向另一极端，不知有国，不知集体，目无法纪，一切以个人为中心，极端利己，拔一毫而不为，明哲保身，见死不救，"各人自扫门前雪，莫管他人瓦上霜",甚至个人私欲膨胀,损人利己,损公肥私,贿赂公行,贪污腐化,争权夺利,拉帮结伙,互相利用,排斥异己,徇私枉法,等等。这样一些自私自利的行为,瓦解了人们的斗志和团结一致向前看的精神,导致社会道德的沦丧和社会行为的失控,严重地干扰了各项改革政策措施的贯彻和执行,从根本上损害了十亿人民的利益。

并且,"为我"的文化心态在思想上也与强调个人价值、强调自尊自重自立的个人主义风马牛不相及。在西方虽然由于过分强调个人价值出现某些违背他人利益的个人极端行为,但"自私自利"和"个人主义"在许多西方资产阶级思想家中是两个不同的概念,"'自私'是一种不冷静和过分的自爱,它使人处处为自己着想,心中只有自己,没有别人。而'个人主义'则是冷静和成熟的意识,它使每个公民独立于社会上的其他人,从而同跟他志同道合的家庭和朋友在一起,形成一个小的团体"(托克维尔:《美国的民主》)。著名哲学家杜威在他的《个人主义——过去与现在》一书中,也曾对"个人主义"和"自私自利"作过明确的区别。他说:"不论哪个人,只要他公开提倡自私的生活观,他必定会引起人们对他的不满……我们赞扬最有成就的人,不是赞扬他的无情无义和他在进取中只考虑自己的劲头,而是表现他热爱鲜花、儿童和狗,或是他对年老的亲属的一片善心。"因此,自私自利作为一种不道德的品行,它始终被中外一切有识之士所唾弃。

第九,"均平"的文化心态。均平主义作为一个政治口号,它在中国已失去了市场,但在一部分人的潜意识里它仍然顽固地存在着,并在现实生活中一再地表露出来。例如,社会上有些人总不承认个人能力的高低和贡献的大小,留恋"大锅饭",本能地排斥多劳多得;犯"红眼病",万事讲摆平,遇着奖金少一分,便不惜以死相拼,见着同伴境遇好,便妒火中起,造谣中伤,无中生有,搬弄是非。而近年社会上出现的明火执仗、理直气壮勒索、哄抢个人或集体财产的咄咄怪事,某种程度上也未尝不是均平文化心态下原始共产遗风的作祟,即所谓"有衣同穿,有饭同吃,有钱同使"的小农乌托邦式的幻想在现代的翻版。这种植根在小农经济基础之上的均平文化心态,伤害了个人的创造性和积极性,抑制优秀人才脱颖而出,助长怠惰恶习,阻碍社会进步,与"各尽所能,按劳分配"的社会主义分配原则相违背,它貌似公平,实则最不公平。

上述这些不良社会文化心态存在的原因是多方面的。改革开放的不完善和不彻底,生产力发展的相对落后,民主法制的不健全,以及西方资产阶级生活方式和思想的影响,是上述一些社会文化心态产生的现实原因。但我们必须看到的是,这些社会文化心态不是改革开放本身所固有的,并且其中西方的影响也是次要的,它们主要还是中国封建专制制度下自给自足的小农意识在改革开放冲击下的凸显。小农经济下落后的技术和画地为牢、零星散漫的生产方式,以及日出而作、日落而息,生于斯、老于斯的近乎凝固化的生活方式，决定了人们必然是自私冷漠，目光短浅，拘谨偏狭，抱残守缺，安于现状，不求革新。小农经济实力的薄弱，在抵御天灾人祸上的软弱无助，则必然导致人们自甘软弱，渴望救星，求稳怕乱，不患寡而患不均。封建专制制度下的绝对皇权，以及天有十日、人有十等的封建官僚等级制度，也必然使人变得虚伪，崇拜权力，奴性十足。而中国近代半殖民地半封建社会下落后挨打的地位，又使一部分人滋长起崇洋媚外的心理，以及虚荣、爱面子等小资产阶级的市侩气。因此，当前思想界除了引导人们正确吸收西方文化外，其中一个重要任务就是要坚持不懈地揭露和批判封建专制主义、小农意识和殖民地意识，重建一个积极向上的、符合时代需要的新的民族文化心理。

美国在中日甲午战争中的角色*

今年，是中日甲午战争爆发120周年。甲午战争是日本为侵略朝鲜和中国而发动的一场不义战争，也是改变东亚国际格局和中国命运的一场战争。自兹之后，日本一跃而成为东亚霸主，中国则沦为"东亚病夫"，受人宰割。日本之所以在120年前的甲午年悍然发动对中国的战争，固然是日本国内军国主义势力膨胀使然，但同时也有深刻的国际背景，与当时列强的默认和纵容密不可分。其中，美国便是当时最支持日本的国家。当下，东亚地区再次进入多事之秋，回顾当年美国政府在中日甲午战争中的表现，尤其值得相关国家警醒和反思。

---

* 原载《国家人文历史》2014年第18期。

一、虚假的中立

中日甲午战争系由朝鲜问题引发。1894年春，朝鲜国内发生东学党起义。6月1日东学党占领全州后，朝鲜国王决定向中国借兵代剿，并于6月3日正式照会袁世凯，提出借兵请求。次日，清廷便批准李鸿章的派兵赴朝计划。6月6日，清政府根据1885年中日《天津条约》相关条款的规定，将中国派兵赴朝一事照会日本政府。得知朝鲜政府向中国借兵的消息后，日本政府极力怂恿清政府出兵朝鲜，为日本蓄谋已久的出兵朝鲜提供借口。在中国通报派兵的次日，日本即按预定方案，也将出兵朝鲜的决定正式照会清政府。但在清朝军队与朝鲜农民起义军交战之前，朝鲜政府6月11日便与发动起义的东学党人订立《全州和约》，平息了农民起义。6月13日朝鲜政府致函袁世凯，要求撤回清朝军队。清朝政府表示愿意从朝鲜撤兵，但要求日本也同时撤军。而日本政府不但拒绝撤军，还以朝鲜完成日本所提出的内政改革方案作为撤兵条件，并不断制造事端，增兵朝鲜，将中日撤兵问题逐步引向其与中国开战、独占朝鲜的预定轨道。

对于因出兵朝鲜所引发的紧张局面，清政府并无意与日开战，而是希望通过外交途径和平解决。当时朝鲜政府和清政府都曾求助于包括美国在内的英、俄等列强，希望它们出面调停，劝说日本从朝鲜撤兵，不要挑起战争。6月下旬，朝鲜曾三次请求美国出面斡旋，敦促日本从朝鲜撤军，但美国国务卿都以保持"中立"为由加以拒绝，表示美国必须保持对朝鲜和其他国家"一个公平的中立态度，我们仅能以友谊的方式予日本以影响，我们绝不能够同其他国家联合干涉"。

美国驻朝公使西尔（M. B. Sill）和驻日公使谭恩（Edwin Dun）更是站在日本一边。尽管他们在写给美国政府的报告中认为日本出兵朝鲜有不可告人的目的，挑战中国在朝鲜的影响，极有可能危害中日和平关系，但他们同时却一再为日本侵略朝鲜辩护，声称日本方面派军入朝是为了保护在朝鲜的日本人和使馆，"是相当合乎情理的"；日本在朝鲜的目的不是要发动战争，只是想对朝鲜进行必要的改革，"使朝鲜不但在名义上而且在实际上实现自主和主权独立"。他们极力劝说美国政府支持日本的朝鲜政策，说日本的朝鲜政策获得了"许多比较有知识的朝鲜官吏们的欢迎，并且我想象在美国也不会遇到反对的"；强调日本政府受国内民意的压力，在朝鲜问题上决不能后退，必须达到目的，"如果日本目前在没有获得与出兵规模和支出相称的目标或好处时即从朝鲜撤兵，一定会激起民众的反对情绪"。

尽管出于各种原因，美国政府曾于7月7日致电美国驻日公使，对日本拒绝从朝鲜撤兵表示遗憾，声称"合众国政府对日本、朝鲜两国怀有深厚友谊，故希望朝鲜国独立和尊重其主权"，但这只是为应付舆论和其他国家的斡旋建议而表示的一种姿态而已。7月8日,当英国驻美大使受命拜见葛礼山,建议美国与英国一道联合干预,以避免中日爆发战争时,葛礼山就以美国奉行友好的中立政策和美国已向日本方面做过调停为由,拒绝了英国的联合干预建议。次日,葛礼山还特意将7月7日美国政府致驻日公使谭恩训令的一份复印件交给英国大使,并强调即使是友好的调停,美国也不会参加。稍后(7月13日),葛礼山也以同样的理由拒绝了清政府的斡旋请求,声称美国在7月7日向日本发出规劝之后,"我们看不出我们还能做什么,我们不可能与其他列强联合进行任何形式的干涉",并违心地单方面听信日本方面及美国驻日公使谭恩的说法,表示日本不会发动战争。

然而,具有反讽意味的是,美国以保持中立和日本不会发动战争为由拒绝在中日间进行斡旋的同时,私下里却对日本提出的战争爆发后由美国代为保护在华日本人的请求慨然应允。早在6月底,日本为发动战争就询问美国政府,一旦日本公使撤离北京,美国是否愿意保护在中国的日本人及其财产,葛礼山当即回复表示,如获中国认可,日本的这一请求将受到"总统的善意考虑"。美国在中日正式开战之前欣然接受日本提出的战时保护人角色,这只能说明美国的中立政策是虚假的,其实它更乐于看到日本因朝鲜问题发动战争。

二、拉偏架的调停

由于清政府的腐败，中日开战后清军在战场上节节败退。在黄海海战和平壤战役战败之后，清政府于9月底便再次向俄、英、美等列强提出与日本议和请求。在议和问题上，美国扮演了一个处处为日本着想的拉偏架的调停者的角色。

对于清政府的议和请求，美国为操纵和谈，同时也为减轻日本的外交压力，坚决抵制和反对与欧洲国家联合调停。10月6日，英国外交大臣致函美国国务卿葛礼山，希望美国与英国、德国、法国和俄国一道调停中日战争，并指出调停的条件是由各列强保证朝鲜的独立，日本将获得一笔战争赔款，葛礼山不但以违背美国的中立政策为由断然予以拒绝，还将这一情况秘密通报日本驻美公使栗野。11月8日，法国驻美大使巴德诺（Patenôtre）代表法国政府，建议美国与欧洲国家联合调停中日战争，葛礼山也坚决予以拒绝，声称"美国不能加入一项旨在迫使日本接受它事先不准备同意的条件的干预活动"，主张应由中日交战双方直接进行谈判，强调列强没有调停的必要，并指责清政府"只是在看到他们的提议遭到日本人拒绝后才向列强求助，以便列强对日本人施加压力"，因此，美国根本不能同意清朝政府的请求。

不但如此，美国政府还向清政府施压，要求清政府停止向俄国、英国等欧洲国家寻求外交支持，由美国充当中日之间的唯一调停人。为此，葛礼山于11月6日专门致电美国驻华公使田贝（Charles Denby）加以落实，强调"总统谢绝任何共同的干涉"，"中国致欧洲各大国同样请求，也许将多少阻碍总统的行动自由"。接到美国政府的指示后，田贝7日即亲往总理衙门，指责清政府在向美国提出特别请求的同时，又请其他四国为中国出面干涉，这种行为是互相矛盾，并且是令人感到困惑和不可接受的。

而在向日本提出调停建议时，美国政府则和颜悦色，推心置腹，强调美国出面调停纯然出于"美国大总统对日本国抱有极深厚之友谊"，避免日本国安全和幸福因欧洲国家的干涉而受到威胁，指出目前欧洲各国欲联合干涉中日战争，结果将对日本不利；自中日开战以来，日本方面在海陆同时连战连捷，并进入中国本土，逼近北京，日本国已武威光耀宇内，跃居世界强国之一，美国此时出面调停，对日本的名誉毫无损害。美国政府还向日本保证它在中日两国之间进行友谊的调停过程中，将绝不允许英国插手。

在获得唯一居间传言人的角色之后，美国便积极与日本配合，单方面说服清政府按照日本的要求和条件，于1895年1月底派遣张荫桓和邵友濂前往广岛，与日本举行和谈，以抵制欧洲国家的联合外交干涉。在达到这一目的之后，日本在2月1日与清朝和谈代表举行第一次会谈后，便借口张荫桓和邵友濂不具备全权代表资格，剥夺张、邵外交和谈之特权，令他们限日离开日本，取消和谈，等待在彻底歼灭清朝的北洋舰队之后，取得更为有利的和谈条件。对此，美国又完全站在日本一边，罔顾事实，颠倒黑白，将责任归咎于清政府。

充当中日和谈联络人的美国驻日公使谭恩在2月4日日方向他通报情况时，公然声称"日本之措施正当，无可非议"。美国驻华公使田贝则指责清政府缺乏和谈诚意，幻想通过外国列强的干涉挽救自己，说："如果中国现在知道世界并不站在它的一边，随它自己开战，那么它将会立即议和。"美国国务卿在日本驻美公使栗野向他通报这一结果时，也对日本的这一决定表示支持，通报他已通过美国驻中国的公使建议清政府改变和谈态度。清政府聘请的和谈法律顾问、美国前国务卿科士达（John W. Foster）同样也是为日本服务和效劳的，他不但没有揭露日本拒绝和谈的真实原因，反而将责任完全归咎清政府所颁委任状缺乏全权性质这个连日本自己都觉得"并不完全安心"的理由上。在临离开日本之前，他居然对清朝使节的所谓的"不妥适"表示愤怒，宣称："我到北京必请清廷派遣完全的使节，以充分的诚实完成媾和。"

美国政府在甲午战争中这种拉偏架的调停，不但没有为清政府提供任何实质性的帮助，反而抹黑中国，在许多方面帮了日本政府的忙，缓解了日本来自欧洲国家联合调解的压力，为日本继续按计划发动战争提供了一个有利的国际背景，使其赢得了时间和舆论支持。

三、帮助日本逼签《马关条约》

日本在甲午战争中的侵略要求，最终是通过逼迫清政府签订丧权辱国的《马关条约》实现的。在这一罪恶过程中，美国政府作为中日两国之间唯一的传言人，又起了很不光彩的帮凶作用。

1895年2月17日，日本政府在日军占领刘公岛并俘获北洋舰队全部之余舰后，认为和谈的时机已经成熟，便于当天经美国驻日公使谭恩向清政府转达和谈条件，除了赔偿军费和承认朝鲜自主，还要求中国同意割让领土。

美国政府作为中日两国之间唯一的传言人，对日本的这一侵略要求完全支持，单方面极力说服清政府尽快无条件接受。对于清政府和新任命的和谈全权大臣李鸿章请求美国提供帮助，说服日本方面不要将割让领土作为和谈条件，美国驻华公使田贝代表美国政府，明确加以拒绝，坚定地表示"美国政府绝不会卷入战争，也不会在中日两国之间进行调停"，警告清政府想要日本停战，必须首先接受日本方面17日提出的同意朝鲜独立、赔款和割让土地的条件。同时，他还指责清政府和李鸿章在这个问题上向欧洲国家寻求外交支持的想法不切实际，声称："在日本的观点公开之前，就国际法来说，任何的干涉都是没有根据的，即使以自我保护为理由"，强烈敦促李鸿章和清朝政府彻底放弃求助其他欧洲国家干涉的念头，真诚面对日本。并且，田贝也亲自劝说其他国家的驻华公使与他采取一致行动，打消李鸿章寻求其他国家干涉的念头，指出只有消除欧洲国家向中国提供帮助的幻想，才能促成和平早日到来。

3月19日，中日马关条约谈判开始后，清政府继续希望争取包括美国在内的各国列强出面干涉，迫使日本降低侵略要求。3月22日，总理衙门除召见俄、法、德、英四国驻华公使外，也召见美国驻华公使田贝，征询意见，希望能获得美国的支持，促使日本放弃一些苛刻条件。但田贝不但没有为中国说话，反而指责清政府没有和谈诚意，指出中国如真想和平，就应该接受日本的条件。在拒绝向中国提供支持的同时，美国还在国际上帮助日本，抵制俄、法、德、英等欧洲国家的联合干涉，美国国务卿不但向日本公使明确保证"美国决不与上述各国结盟，或接受清国之请求"，还私下向日本通报各国的动向，提醒日本警惕欧洲国家有意干涉中日两国间的纠纷。

1895年4月17日，李鸿章与日本签订《马关条约》后，中国国内举国反对；国际上，俄、法、德三国亦以日本割让中国辽东半岛，损害自身利益，联合要求日本放弃对辽东半岛的永久占领。在此形势之下，清朝政府希望推迟交换和约，挽回部分利权。对此，美国驻日公使谭恩和驻华公使田贝又受日本政府之托，频频催促清政府尽快批准交换和约。美国国务卿葛礼山也应日本政府的请求，亲自约见清朝驻美公使杨儒，劝说清政府尽快批准《马关条约》，指出："如清国因有足以挽回今日处境之良策，而特意拖延和平条约之批准，日本则将从事更大规模之战争。此时，欧洲各国终将乘机纠缠于两国之间，努力满足其各自欲望。其结果，清国终将不止于失掉辽东，犹恐失去较此更为广大之领土。"此外，清政府聘请的美国顾问科士达也为日本说项，4月22日专门致函总理衙门，建议清政府不要过于计较条约给中国造成的损失，说《马关条约》是清政府所能争取到的最好结果，较之法国在普法战争中失败的结果要好得多，"区区日本，此约何足深较"。4月30日他还亲至总理衙门，与军机大臣翁同龢、李鸿藻、庆亲王奕劻等会谈，劝说"约宜批准"，声称："条约已不是李鸿章的条约而是皇帝的条约了，因为在签字前每一个字都电达北京，皇帝根据军机处的意见，才授权签字。假若他拒绝批准的话，那在文明世界之前，他将失掉了体面，对于皇帝的不体面，军机大臣是应负责的。"在美国的穿针引线下，5月3日清政府最后任命伍廷芳和联芳为换约大臣，前往烟台。5月9日，正式完成与日本的互换和约工作。

对于科士达在充当清朝谈判法律顾问期间和美国政府在中日甲午战争中所提供的外交支持和帮助，日本方面则是万分感激。1895年6月科士达回国途经日本东京时，内阁总理大臣伊藤博文就专门通过美国驻日公使邀科士达见面，对他所做工作表示感谢。而对于中日战争期间美国政府所给予的帮助和支持，日本天皇则在中日互换和约的第4天，也即5月12日，就专门写了一封感谢信给美国国务卿，希望对在中国和日本的美国外交官和领事官予以嘉奖。这一建议被美国国务院拒绝之后，日本又于11月1日将这封感谢信通过日本驻美公使送达美国总统克利夫兰，向他表示"最崇高的问候和敬意"。由此可见，日本方面是多么感激美国在中日甲午战争期间所提供的外交支持和帮助。

四、搬起石头砸了自己的脚

美国在中日甲午战争中奉行亲日政策并非无缘无故，而是有其目的。自1868年日本实行明治维新之后，随着日本在东亚的崛起，美国为削弱英国、俄国等列强在东亚的影响力，便抛弃欧洲伙伴，单独奉行亲日政策，试图通过美日合作实现美国的东亚政策，认为"日本握有开启东方的钥匙"。再者，美国在甲午战争中偏袒日本，也是希望通过日本之手彻底废除中国与朝鲜的宗藩关系，并进一步打开中国的贸易和投资大门。然而，历史证明美国希望利用日本来实现其东亚政策并不是一个十分正确的选择，只能是为日本火中取栗，最终搬起石头砸了自己的脚。

尽管在中日甲午战争中美国是外交上最支持日本的国家，但日本为实现自己的侵略欲望，在当时就已不愿受美国的束缚。对于美国出于为日本考虑而提出的调停建议，日本政府并不完全领情，为避免在和谈中受美国的牵制，明确表示日本并不需要"仲裁者"，申明日本迄今在战争中连战连捷，结束战争并不需要谋求友邦的协助，战争将直至清朝政府直接向日本求和为止。这无疑是不容美国在中日议和问题上置喙，只接受美国作为中日和谈的居间传话人角色。而在中日和约谈判过程中，日本最关注的是勒索更多的赔款和割走中国领土，对美国关心的扩大在中国的贸易和投资并不那么用心和在意，以致美国驻华公使田贝在《马关条约》签订后就对日本的"自私"表示极大的不满，在写给美国政府的报告中抱怨日本只追求自身利益，在帮助欧美逼迫中国进一步开放市场和投资方面态度消极，背弃承诺。

中日甲午战争之后，美国希望利用日本来实现其东亚政策的战略意图不但没有实现，更是一一以吞食苦果告终。

首先说朝鲜问题。美国始终将中国与朝鲜的宗藩关系看作美国向东亚扩张的阻力和障碍，但在美国通过中日甲午战争解除中朝宗藩关系之后，朝鲜并没有获得美国期待的独立和自主，很快就一步步沦为日本的殖民地，到1910年即被日本所吞并。美国在处理朝鲜问题上所犯的错误，诚如美国著名外交史家丹涅特在《美国人在东亚》一书中所分析的那样：美国只注意到宗藩关系不会鼓励朝鲜的对外贸易和内政改革，而对于解除中朝宗藩关系可能出现更坏的情况，美国政府似乎始终没有想到。

其次，美国利用日本以削弱英国、俄国等列强在东亚的影响力的企图，也只是美国政府的一厢情愿——竹篮打水一场空。事实证明日本当局是一个崇尚利益和实力、不重情义的集团，它根本无意成为美国制衡英、俄等欧洲国家的工具。为了进一步扩大日本的在华势力和影响，日本在甲午战争过后几年就与曾试图联合干预中日战争的欧洲国家英国、法国捐弃前嫌，先后与英国和法国签订日英协约和日法协约，结成日英和日法同盟关系。1905年日俄战争后不久，两国战死疆场的士兵尸骨未寒，日本又竟然与俄国握手言和，于1907年和1910年先后两次与俄国签订协约，将在日俄战争中支持自己的美国晾在一边，恩将仇报，与俄国联手抵制美国势力进入东三省，将国际关系中的忘恩负义、唯利是图，翻手为云、覆手为雨的丑恶一面，表现得淋漓尽致。

至于美国试图利用日本之手进一步打开中国的大门，这更是与虎谋皮，反被虎咬。自明治维新之后，日本走上"脱亚入欧"道路，并非为帮助欧美国家打开中国的贸易和投资大门，而是要"开拓万里波涛，宣布国威于四方"，实现日本的"大陆政策"，攻占台湾，吞并朝鲜，进军满蒙，灭亡中国，最后征服亚洲，称霸世界，这与美国为谋求商业利益而推出的对华门户开放政策格格不入，有着不可调和的矛盾。因此，美国在东亚奉行的门户开放政策和亲日政策不但没有得到日本的善意回报，反而被日本看作自己称霸亚洲的最大障碍。终于在1941年12月7日的清晨，日本通过偷袭珍珠港，给美国的亲日政策上了一堂刻骨铭心的教训课。

历史殷鉴不远。在历史进入21世纪头十年之后，美国政府为达到遏制中国崛起的目的，推出"东亚战略再平衡"政策，大力加强日美同盟关系，纵容日本安倍政府修改和平宪法、发展军力，纵容日本否认"二战"成果和国际格局、在东亚频频挑起事端，这是否有利于世界和东亚的和平与发展，是否符合美国的自身利益，是否会是既往历史的一个重演，最后又是事与愿违，搬起石头砸了自己的脚？其实，无论是从历史还是现实来看，21世纪的美国东亚政策都还有一条正确的道路可供选择，那就是与中国人民一道构建中美新型大国关系，这既有利于促进世界和东亚的和平、繁荣和发展，也符合中美两国人民和国家的根本利益。在历史的转折关头，美国的东亚政策何去何从，这实在也需美国的政治家们和美国人民三思而后行。

美国政府与辛亥革命 *

1911年的辛亥革命是中国近代史上的一个重大历史事件,它不仅宣告了清朝的覆灭,同时也标志着沿袭2 000余年的君主专制制度的终结。晚清中国政局发生的这一重大变动,虽然是中国的内部事务,但它同时也是一个世界性事件,在当时就引起世界几个主要列强的密切关注和反应。那么,当时美国政府的态度和反应又是如何呢?

一、一场"自太平天国以来最严重的叛乱"

1911年10月10日,由湖北新军发动的武昌起义揭开了辛亥革命的序幕。在武昌起义爆发的当天晚上,也即10月11日的凌晨1时和早晨8时,美国驻华代办卫理(E. T. William,

---

* 原载《南方都市报》2011年7月26日B22版。

按：美国驻华公使嘉乐恒（W. J. Calhoun）当时已回美国述职，未在中国）就把这一消息电告国务院，报告"今天兵变者占领了武昌"。稍后，根据武昌起义发生的情况，代办卫理又在12日午夜12时致国务院的电报中，将武昌起义定性为"自太平天国以来最严重的一次叛乱"，称赞"叛乱显得很有组织和领导"，"外国人迄今受到悉心尊重"。根据在华外交官的报告，国务卿诺克斯（Philander C. Knox）于13日向美国总统塔夫脱（William Howard Taft）汇报中国政局的变动时，也将武昌起义定性为一场"自太平天国革命以来最严重的叛乱"，认为"它本质上是一场反对清廷统治的革命"，并对革命党人保护外人予以肯定，指出"这就将这次革命与以前的革命区别开来，并表明了领导层的智慧，努力避免外国的干涉"。

美国外交官和国务卿将武昌起义定性为一场太平天国性质的"叛乱"，固然表明他们对辛亥革命的性质尚缺乏正确的判断，但他们没有将武昌起义定性为类似1900年的义和团排外运动，实际上就等于承认了武昌起义只是一场纯粹的反满革命，属于中国内部事务，排除了进行干涉的必要性。正是根据武昌起义的这一性质，美国政府对辛亥革命始终奉行护侨、保持中立和与列强协商一致的政策。

对于1911年12月29日南方革命党人在南京成立临时政府，推选孙中山为中华民国临时总统，美国驻华外交官有两种不同态度。大致说来，在香港和上海的美国外交官偏向对孙中山领导的南京临时政府持肯定态度,给予积极评价。12月21日在孙中山抵达香港后,美国驻香港领事安德森(George E. Anderson)当晚就安排会面。次日,即将孙中山的革命方案和目的转告国务院,称孙中山的到来"标志着进行中的革命运动进入了第二个阶段"。在孙中山就任临时大总统后不久,他又建议美国政府予以承认,指出:"整个革命运动的重要基础是美国式的,无论是财政支持、革命理想、政治体制还是革命精神,都来自美国;美国应立即承认此一临时政府,以表支持。美国不能无视这样一个事实:旧中国已经死去,一个新政权已经到来。并且,在这个新政权中,美国有着发展自身利益和为一个伟大民族服务的机会,这一机会以前没有过,以后也不可能再有。"

与此相反,在北京的美国外交官尤其是驻华公使嘉乐恒,对孙中山领导的南京临时政府则持不信任态度,充满偏见。在不了解各省代表在南京选举临时大总统系以每省一票而非以参加会议代表每人一票的情况下,嘉乐恒便以参加会议的人数,说明孙中山以16票当选临时大总统缺乏代表性和权威性,他在1912年1月5日致国务院的电报中称:在参加会议的48人中只有17名省代表选举孙中山,其他的报告也证实革命党人不团结,没有获得独立省份人民的信任。1月16日,嘉乐恒在写给国务院的一份报告中再次强调孙中山没有控制局势的能力,指出:"南方共和运动的弱点在于这场运动几乎完全在广东人的推动、支持和控制之下。孙逸仙不论其品格和能力如何，在这里都不被认为是一个有代表性的人物。他出生在沿海，在国外接受教育，其一生大部分时间系在国外度过。他对中国的内地，对中国人民的生活、性格、传统和习惯一无所知。中国各省之间，特别是内陆和沿海各省之间猜忌和敌对甚深。因此，在清朝势力被驱逐之后，孙中山是否能够控制形势和赢得互相敌对的各种势力的支持，是十分令人怀疑的。"1月30日，嘉乐恒又在电报中希望国务院不要被香港和上海两地有关革命的报道所迷惑，表示"公使馆收到的来自中国各地的情报不支持香港和上海对于有关革命的乐观的观点"。

美国政府对孙中山领导的南京临时政府则坚持奉行中立政策，一方面拒绝承认南京临时政府，另一方面也不接受驻华公使嘉乐恒提出的支持袁世凯继承清朝权力的建议。1月20日，国务院致电嘉乐恒，明确表示美国对中国南北两个政府的立场"将取决于相关事实和合法性的考虑，使馆对此应加以很好的考虑，并提供确定的情报"。为此，国务院于22日建议海军部指示亚洲舰队司令默多克（Murdock）尽快前往南京，考察和报告那里的政治形势，特别是有关革命运动的凝聚力，以及南京临时政府多大程度代表了中国人民的意愿。次日，国务院又致电嘉乐恒，指示公使馆秘书丁家立（Charles D. Tenney）前往南京，执行同样使命，再次强调美国政府"进一步的行动须等收到报告后再做决定"。

二、对袁世凯复出的态度和反应

袁世凯作为清廷内的一名实力派官员，一定程度上是决定辛亥革命成败的关键人物之一。对于清政府在武昌起义爆发后重新起用袁世凯，美国政府和驻华外交官的确都持欢迎态度，希望由袁恢复秩序。10月17日，国务院在向美国总统提交的一份有关中国政局的报告中，就将清政府重新起用袁世凯看作"一个很有希望的迹象"。美国驻华公使嘉乐恒和代办卫理则称赞袁"是目前唯一有力量和品质恢复秩序的人"，认为"如果袁世凯能够掌权并改组政府，将业已独立的省份收复回来，那么清朝政府便可得救"。在袁世凯出任内阁总理后，嘉乐恒一再建议美国政府放弃中立政策，向袁世凯提供贷款支持，强调如果没有财政的支持，袁世凯"在任何地方都不能拢住军队，谈判也将失败，随之而来的是血腥的混乱"，断言"继续中立，只能鼓励混乱；有理由肯定，某种形式的干涉必将到来"。

然而，美国政府在袁世凯当选为临时大总统之前并没有违背中立政策，扶植袁世凯。在接到嘉乐恒关于向袁世凯提供贷款的建议后，美国政府在11月18日的电文指示中明确反对，指出"有利益关系的国家除了从事帮助中国满足其国际义务及执行正常的行政和警察职能外，国务院认为目前进行任何贷款都是不明智的"，并为美国同意贷款规定了以下几项原则：（一）任何此类的援助都应限制在短期借款，并只能用于提供赔款资金和其他与外国有关的事情以及政府的一些急务上，不得用于战争目的；（二）贷款应在中国内部各派别之间保持严格中立，必须得到各个不同政治派别代表的支持，并且应安排某种监督措施，诸如设立一名外国董事，确保资金的合理使用；（三）由于此类贷款主要为了保护各国的共同利益，因此贷款须有与中国有重要关系的国家的共同参与。鉴于革命党人在武昌起义后发表的对外宣言中多次声明反对外国向清政府提供借款或其他援助，美国政府规定的贷款原则，实际上排除了向袁世凯贷款的可能性。

根据上述的贷款原则，美国政府对英国政府提议向袁世凯提供小额贷款亦不予支持。12月18日，美国助理国务卿在写给英国驻美大使的复函中明确表示美国政府坚信在目前关键时刻，任何向中国的贷款都是不合时机的，指出在上海南北和谈达成之前，清朝政府要求的财政援助照会只会妨碍而不会促进和谈的解决；强调贷款必须满足以下两个条件，即在中国的各派别之间严格中立及有利益关系国家的广泛参与，并坦率地表示美国政府虽然在上述条件下倾向于赞成向中国提供财政援助，但这一政策的结果必然不鼓励美国公民贷款。1912年1月31日，德国政府就中国最近局势的发展征询美国意见，国务卿诺克斯在2月3日的回复中又重申了美国的主张，指出：美国政府认为在有关向中国贷款问题上，各国此前共同执行的严格的中立政策的结果，必然是不赞成美国公民向中国提供贷款。

甚至在清帝退位、南京临时参议院选举袁世凯为南京临时政府大总统之后，美国政府也以局势不明朗为由，不主张立即向袁世凯提供贷款，依然坚持贷款须以得到南北当局的同意为前提。2月24日，美国代理国务卿在给驻华公使的电文中表示：国务院认为，在一个代表全中国的混合临时政府稳固建立之前，或者如果贷款没有得到中国南北两个实际政权的赞同，向中国的任何贷款，一般来说都是不合时机的。

三、听任清帝逊位

直至武昌起义爆发，清朝都是美国承认的合法政府。然而，在武昌起义爆发后，随着革命形势的迅猛发展以及清政府软弱无能的彻底暴露，美国驻华外交官和美国政府很快就抛弃了清朝政府。10月27日，国务院在向美国总统提供的一份报告中就中国革命形势的发展，决定不再向清政府提供财政支持，表示此时向清政府贷款是"不合时机和不明智的"。美国驻华代办卫理则在11月上旬的报告中，一再断言清王朝气数已尽，已到灭亡边缘，指出清政府自武昌起义以来所表现出来的软弱和胆怯态度，已有效地消除了各阶层对它的尊敬，对皇帝陛下的敬畏已被可怜所取代，皇室的荣耀已经消逝，使馆的看法是"结局不会遥远"。11月10日，国务卿诺克斯又致电驻华代办卫理，不愿在形势紧急时由美国使馆单独为溥仪皇帝和皇太后提供庇护，主张应以获得其他国家的谅解和支持为前提，声称"根据美国政府与列强联合一致的政策，你可以根据你的判断提供必要的临时避难所，以保护无辜人的生命，但须确认你的同僚相信这样的行动将不会对使馆区的安全构成重大威胁"。

美国政府不但不愿意单独为清廷皇室人员提供庇护，而且反对相关国家干涉中国内政，继续维护清朝统治。12月18日南北和谈开始后，日本为达到侵华的目的，于当日即通过日本驻美大使和美国驻日大使，致函美国政府，认为袁世凯和南方的革命党人都没有能力恢复和维护中国的秩序与和平，建议美国政府支持日本政府的主张，由列强共同出面干涉，强迫南方革命党人放弃建立民主共和政府，接受摄政王载沣颁布的《宪法重大信条十九条》内容，保留清朝皇帝。对此，美国政府坚决予以拒绝。21日，国务院复函日本驻美国代办，同时通知美国驻华公使嘉乐恒，宣告美国"仍然坚持迄今由列强共同承诺的严格的中立态度"，声明在列强于12月15日向南北谈判双方表达早日结束冲突的中立愿望之后，"美国政府倾向于等待这一努力的结果，对由列强进一步共同考虑采取何种措施以引导中国出现一个稳定的和负责任的政府持保留态度"。为阻止日本密谋进行军事干预，以保留清朝皇帝，1912年2月3日国务卿诺克斯在写给德国政府的复函中讨论中国局势问题时，再次明确反对干涉中国内政，主张各国应坚持中立和一致行动政策，指出：直至目前所有国家都共同承诺，不仅避免单独行动和干涉中国内部事务，而且遵守他们彼此所做的尊重中国的完整和主权的保证。令人高兴的是，无论是皇室的支持者还是共和分子，均保护外人的生命和财产，因此外国列强没有任何进行干涉的理由，而且最新的报道更令人相信，未来时局的发展也无进行此类干涉的可能。2月8日，美国还将这一态度通告英、法、德、荷兰、意大利和奥地利驻美使馆，作为美国的一项公开政策，借以警告日本。

与此同时，对于袁世凯利用南方革命势力和他的北洋军逼迫清帝逊位，美国驻华外交官和美国政府又乐观其成。在10月27日有关中国局势的报告中，国务院就指出袁世凯拒绝接受湖广总督职务，迟迟不前往前线镇压，目的就是要从清政府那里争取更多权力，以便他与革命党人谈条件。美国驻华代办卫理和美国驻华公使嘉乐恒则一再断言，袁世凯在出任内阁总理大臣之后，极有可能抛弃清政府，与革命党人达成妥协，"把自己的命运与革命党人联系在一起"。1912年1月16日，嘉乐恒在写给国务院的报告中盼望清帝尽快退位的愿望溢于言表，指出：清廷内部对于退位问题虽然有不同意见，但他们中明智的人都赞成退位。并且，总的来说，这是他们所能做的最好的事情。他们已暴露他们是如此地虚弱、无能和无助，对他们的尊重已经过去，他们不可能对国家产生影响，他们所能做的只是争取最好的条件，然后离开。他本人还支持法国驻华公使帮助袁世凯，出面建议清帝逊位。2月12日，皇太后隆裕在养心殿颁布诏书，宣布清帝退位，嘉乐恒当日即电告国务院，表示欢迎，建议"在南北方达成临时共和政府时，应立即给予承认"。次日，嘉乐恒又将有关清帝退位诏书等文件译送美国政府，宣告"这些文件具有深远意义，它们标志着清朝及其统治的终结，标志中国历史进入了一个新的时代，虽然这个新时代的性质还难以确定，但它们无疑标志着中国国家的管理重新回到汉人手中"。对于清朝的覆灭，美国的驻华外交官们和美国政府没有表现出任何的惋惜。

综上所述，在如何对待辛亥革命问题上，尽管美国驻华外交官有不同意见，但美国政府直至清帝逊位，始终奉行中立政策，反对有关国家干涉中国内政；在中国国内各派政治势力之间，美国政府既拒绝承认南方革命政权，也没有帮助清朝政府或袁世凯势力镇压革命党人，而是寻求承认一个代表中国人民意愿并具有权威性和合法性的政府。

清末美国退款兴学真相[*]

1909年美国退还部分庚子赔款并用于中国学生赴美留学，这是近代中美关系史上和中国近代留学史上的一件大事。并且，由于在美国退还部分庚款基础上创办的清华大学后来成为国际一流学府，美国退款兴学的事情迄今仍然是中美关系中不时被人们提及的一个话题。但对美国当初为什么要退还部分庚款以及退款是如何与兴学联系在一起的真相，人们迄今还不甚了解，因而有必要对这一问题的历史真相予以说明。

1901年9月《辛丑条约》签订后，由于各国都蓄意高报、虚报赔款数额，申报的赔款总额高达4.6亿多海关两，比和约规定的4.5亿两多出1 000余万两，因此各国继续就如何分配

---

[*] 原载国家清史纂修领导小组、国家清史编纂委员会办公室编：《清史镜鉴——部级领导干部清史读本》第一辑，国家图书馆出版社，2008，第203—207页；转载于《中国文化报》2008年9月21日第3版。

庚款问题举行谈判。在此过程中，美国政府从刚确立的对华"门户开放"政策出发，强调"更多的优惠和行政改革要比大量的金钱赔偿更合乎需要"，因此，不但表示愿意按比例削减赔款额，而且多次指示美国驻华公使康格转告其他列强，在将各国的赔款总额削减至 4.5 亿两之后，美国愿意做进一步的削减，假如其他列强也按比例削减的话。然而，美国政府的这一倡议没有得到其他列强的响应。1902 年 7 月列强仅就他们之间如何分配 4.5 亿两的赔款达成一致意见，而无意做进一步的削减。结果，美国的赔款额仅仅做了微调，从原先的 2 500 万美元调整为 2 444 万美元。

在劝说其他列强共同按比例削减庚子赔款的倡议失败之后，时任美国国务卿海约翰和当时负责远东政策的柔克义开始考虑率先由美国单独退还庚款中虚报、高报的部分，从而促使其他列强一同退还。1904 年 12 月 6 日应海约翰的要求，柔克义草拟了一份提交国会的关于退还部分庚子赔款的备忘录。该备忘录指出：经调查，美国公民在义和团时期所遭受的损失以及美国军队的开支并非最初估计的那么多；鉴于这一事实，以及中国目前的财政困难和我们以前也有过向中国退还多余部分赔款的政策，向国会提出庚子赔款对中国是否存在不公正问题是我的职责；退还部分庚子赔款对减轻中国沉重的债务来说是十分必要的；如果这一建议获得国会的批准，我建议授权行政部门通知中国政府，此后美国只要求赔款总数的一半。1905 年

1月，驻美公使梁诚奉命与美国商讨庚款付金付银问题，海约翰为缓解因付金给清政府所增加的财政负担，第一次婉转表达了美国愿意退还多余部分赔款的打算。同年4月，柔克义为早日促成此事，在来华任公使前夕，就如何归还部分庚款征询梁诚的意见。1905年7月12日，在海约翰病逝后第5天，已来华履任的柔克义立即给美国总统罗斯福写信，希望早日退还庚款的超额部分，指出：在过去的几年里，海约翰经常与我说起这件事，每次他都这样表达他的意见——我们必须找到某种方式履行公正。但这件事在国务院中并没有任何文字记录，只是在海约翰和我之间一再讨论，因此，"提请您关心这件事是我的责任，也是对海约翰的纪念，相信以您的智慧，您能够决定以某种方式完成这一愿望"。

1906年初，随着中国抵制美货运动的平息，美国总统罗斯福对退款的态度转向积极。是年4月3日，他在写给美公理会传教士明恩溥的回信中承诺，只要不发生一些重大的相反的理由，他本人将会与哈佛、耶鲁等大学共同努力，争取国会通过退款决议。1907年6月15日，美国国务卿罗脱正式致函清政府，宣布美国总统将在下次国会开会期间要求授权修改与中国签订的有关赔款协议，豁免和取消部分庚子赔款，并声明这是美国政府的主动行为，指出"从赔款一开始本政府就有此意向，即在适当的时候，当所有的申诉均已提出，所有的开支均尽可能查清之后，原来估计的数字以及赔款支付总数应予修正，并作为与中国真诚友好的一个证明，自愿履行免除超出中国应向美国国家和公民赔偿之外的那一部分赔款的法律义务"。1908年5月，美国国会正式通过议案，授权美国总统退还中国庚款1 078万美元，本息合计共为2 892万美元。

根据目前所看到的史料，将退款用于兴学主要也是美方的意图，而非出于梁诚的倡议和清政府的自愿。1905年初在国务卿海约翰向梁诚透露美国有退还部分庚款的意图之后，新任驻华公使柔克义在4月来华前夕，首先向梁诚提出退款用途问题，建议清政府最好将退款直接和完全用于派遣中国学生赴美留学。稍后，柔氏在来华后写给罗斯福总统的信中再次建议将退款用于教育，坚决反对当时康乃尔大学教授精琪提出的将退款用于清政府货币改革的主张，指出接受现代教育才是中国各项改革事业中所急需的。1906年初，罗斯福总统在写给美公理会传教士明恩溥的回信中也赞同将退款用于教育。1907年12月3日，罗斯福本人在为争取国会支持退还部分庚款所做的报告中公开表示："我们这个国家应在中国人的教育方面给予十分实际的帮助，以便中国这个幅员辽阔、人口众多的帝国逐渐适应现代形势；实现这一目标的途径之一，就是鼓励中国学生来我们这个国家，吸引他们在我们的大学和高等教育机构里就学。"

对于美国提出将退款用于兴学的要求，清政府虽然原则上并不反对，但并不赞成直接将它全部用于兴学。1905年5月直隶总督袁世凯建议将退还的庚款先用于兴办路矿，再以其所获之余利用于兴学，认为这样"庶可本末兼权，款归实济"。外务部也认为袁世凯的意见"尤属统筹兼顾、尽美尽善之图"；并指出"办理学务，似无须如此巨款"。但鉴于庚款兴学"为美廷所乐从"，以及当时中美之间正为粤汉路权问题进行交涉，为不影响美国退还部分庚款，驻美公使梁诚和外务部都不敢对庚款兴学提出异议。

1907年6月美国国务卿罗脱正式通知中方将退还部分庚款之后，用途问题再次成为中美两国争议的焦点。当时，清政府为抵御俄、日两国侵略东三省，希望将退还的庚款用于东三省实业开发，然后再以其盈余用于派遣中国学生留学美国。而美国政府则要求清政府必须将退款全部和直接用于派遣中国学生赴美留学。1908年5月25日，柔克义在收到国务卿关于国会正式通过退还部分庚款议案的电文通知后，故意没有立即照会外务部，而是非正式地通知外务部右侍郎梁敦彦，询问清政府是否愿意履行3年前的诺言，将退还庚款用于兴学，强调只有中方明确保证将退款完全和直接用于派遣中国学生留学美国，才有助于美国政府早日退还部分庚款。在清政府完全满足他的要求后，柔克义才于7月14日与外务部就美国退还部分庚款问题正式互换照会。10月31日，经反复协商，柔克义又与外务部拟定《派遣美国留学生章程草案》，就留美学生的资格、选拔、专业及其管理等问题初步达成一致意见。同时，美国政府还特意制定了一套烦琐的"先赔后退"的退款方案，规定清政府每月仍须按原赔款义务向上海花旗银行缴付赔款，然后由美国驻上海总领事通知银行汇往美国之数，由上海海关道代表中国政府照数购一汇票交银行汇往美国，最后才由美总领事签字核明将拟退还之款退还上海海关道转交外务部。这样，一旦发现清政府将退款挪作他用，美国政府便可中止退款。

在确保退款将被用于兴学之后，美国政府接着又催促清政府尽快履约，做出具体安排。1909年3月20日，柔克义照会外务部，催促清政府尽快选拔留美学生，指出第一批赴美留学之期将至，美国方面已为接收中国留学生做好准备，"外部愿中国速选学生筹备一切，迅来美国就学为盼"。5月14日，柔克义再次照会外务部，威胁说如中国政府不按上年7月14号所云办法及草案速行酌定，"本大臣无法，只可达知美政府将现行减收之法停办，俟贵国将派生赴美留学之章定妥，再行议订减收之法"。正是在柔克义和美国政府的一再敦促之下，1909年7月10日清政府颁布《遣派游美学生办法大纲》，在北京设立"游美学务处"，附设"游美肄业馆"，正式启动留美计划。这个培训学校"游美肄业馆"，便是今日清华大学的前身，它于成立的翌年10月即因地处"清华园"，更名为"清华学堂"。

综上所述，美国退还部分庚款是美国政府从赔款一开始就知道向清政府多要了钱，有意退还；并且，将退款用于兴学主要也是出于美方的要求。在近代,美国虽然与其他列强一样,积极参与对中国的侵略,但退款兴学这件事,在近代中美关系史上还是应予实事求是的评价。

晚清商标法的颁布及其夭折[*]

商标作为商品的标记,是商品经济发展的产物,大约在距今一个半世纪之前就被我国的工商业者所采用。已出土的我国北周(557—581)文物中即有以陶器工匠"郭彦"署名作为标记的土定(一种粗质的陶器)。而在宋朝至清代的八九百年间,我国工商业者至少在棉布、茶、酒、剪刀、铜镜、陶瓷和文房四宝等10多种商品上使用过商标。但我国古代工商业者使用的商标大多带有原始性质,一般是在商品上刻上制作者的姓名或作坊和店铺的名称,商标与商号不分(商标是商品的标记,商号是店铺的标记,两者既有联系又有区别);并且没有被作为工业产权,由国家立法予以保护。1904年,由清朝政府颁布

---

[*] 原载国家清史纂修领导小组、国家清史编纂委员会办公室编:《清史镜鉴——部级领导干部清史读本》第一辑,国家图书馆出版社,2008,第88—92页。

的我国近代第一部商标法——《商标注册试办章程》，并不是中国近代民族工商业自身发展的要求，而是由西方帝国主义列强提出来的。

1902年，英国在《中英续议通商行船条约》第七款中规定："英国本有保护华商贸易牌号，以防英国人民违犯迹近假冒之弊。中国现亦应允保护英商贸易牌号，以防中国人民违犯迹近假冒之弊。由南北洋大臣在各管辖境内设立牌号注册局所一处，派归海关管理其事，各商到局输纳，秉公规费，即将贸易牌号呈明注册。"次年，《中美通商行船续订条约》和《中日通商行船续约》也提出类似要求，并将保护外商的商标权扩大到专利权和图书版权。

根据中英商约第七款的规定，我国商标法的制订和注册一开始就落到了由外国人掌管的海关手里。1904年2月2日，海关总税务司赫德将一份共计13条的商标法草案送清朝外务部审核，旋又在听取英国公使萨道义和上海贸易参赞的意见后，改为14条，于3月4日送交外务部重新审核，名曰"商牌挂号章程"。这是我国有史以来的第一个商标法规的原始稿。但该商标法规的内容明显袒护洋商，突出强调如何保护洋商商标在华不受损害，对如何保护华商商标只是附带提及，根本不予重视，带有浓厚的殖民主义色彩。如为保护那些没有注册的洋商商标，章程规定商标权的取得采用使用在先的原则，声明中外商人申请挂号时，不仅与已挂号商标形式相同或易混淆者不能获得商标权,而且与未挂号但确系在中国使用者相似或易混淆者,也不予挂号,或已挂号亦可注销;并片面规定华商进出口商品如质量比开始时逊色,海关商标挂号局可自行将其商标注销。同时,该商标法规不但将中国商标管理权置于海关管辖之下,规定商标注册工作人员要由英国人控制的海关总税务司特派,而且将领事裁判权扩大到商标侵权控告的审判上,其第12条规定:如有人冒用他人商标,若系洋商冒用,应由该商标主向税务司报明立案,同时自行赴该管领事馆控告。

对于由海关总税务司负责制订的这份带有浓厚殖民主义色彩的商标法规,1903年9月成立的商部进行了抵制。1904年2月9日和3月20日,商部两次致函外务部,要求将原先分管起草商标法规的各项工作改归本部办理,批评海关制订的《商牌挂号章程》袒护洋商,指出"惟注册商品,同为行销中国之货物,华洋商注册公费及保护之法,自应无分轩轾"。4月初,商部拟定《商标注册章程》22条,咨呈外务部征求赫德意见,后又经与英、美、日等公使磋商,参核各国商标法,拟定《商标注册试办章程》28条,《细目》23条,于8月4日上奏朝廷,旨准颁行,这就是中国近代史上第一部由清政府批准颁布的商标法。

这部由商部制订并颁布的商标法一定程度上纠正了海关所订《商牌挂号章程》对洋商的偏袒,部分挽回了中国主权。首先,《商标注册试办章程》将商标注册改归商部管理,其第2

条规定由商部设立注册局所专办注册事务，津沪两关只作为总局下设的两个挂号分局，以便挂号者就近呈请。同时，对控告侵害商标的办法也做了修改，不再由海关总税务司受理，改由控告人向注册处报明立案，规定如果双方当事人均系华人，或均系洋人，直接由该管衙门办理，如案件涉及华人和洋人，则由中国地方官与外国领事会同审判。其次，《商标注册试办章程》力图贯彻华洋商"无分轩轾"的原则，声明"无论华洋商欲专用商标者，须照此例注册"，规定所有商标的有效期限均以20年为限，在外国注册的商标也不例外。商标注册手续费也中外一律对待，并提高注册手续的收费标准，规定注册给发印照每件由海关规定的20两改为30两，合用转授注册每件由5两改为20两，期满呈请展限并注册由5两改为25两。在商标权的获得上，则主张采用注册在先原则，对外国商标以及已在中国使用但尚未注册商标的优先权做了限制，规定在外国已注册的商标在本局开办后6个月内呈请注册者，方承认享有优先权；经中国地方官出示保护的外国商标，也须在6个月内来本局申请注册，否则，不再享受被保护的权利。此外，《商标注册试办章程》还对商标做了明确定义，规定呈请注册的商标，不得与国家机关的印章、国旗、军旗、勋章等图样类似；如有此等情况，即使已注册的商标，也应被注销。

商部制定的《商标注册试办章程》颁布后，国内舆论主张立即施行，称赞该商标法"采择各国通例，参协中外之宜，毫无偏袒"。但以英国为首的西方列强却对章程的内容不满，进行抵制和破坏，以商部制定的商标法事先未与他们商量为由，胁迫清政府暂缓6个月开办。同时，英国驻华公使萨道义乘机纠合德、法、意、奥四国公使，另行拟定一份商标法，于1905年4月22日照会外务部，要求清政府接受。

这份由五国公使合拟的商标法共26条，它对中国主权的践踏和对洋商的偏袒比海关所订14条有过之而无不及。如该商标法第20、21条规定，不但中国人控告洋商侵犯商标要由注册局照会该管外国领事官照约办理，而且对洋商违章的处罚也不根据中国的有关律例，"其罪名均系按照被告系属何国之人，即照何国律例惩罚"。其第15条又规定，商标局在商标审定过程中，如果牵涉到外国人，则要由该国领事官或领事官委派之员会同审理。这项规定实际上已超出治外法权的范围，将洋商商标的审定变为中外共同主持，是对中国行政主权的干涉。另外，该商标法还在商标的定义、商标权的获得以及规费等问题上极力袒护洋商，损害中国利益，规定中国传统商号不得再作为商标进行注册和保护，光绪二十九年（1903）正月初一以前已在外国注册至今确在中国使用的商标，以及未在国外注册但能证明已于光绪二十九年正月初一以前准予使用某种货物者，应享有优先权，其规费也享受优惠，应纳呈状公费唯批驳不准者才能征收，其商标如为一商注存数件，除一件纳费10两外，其余各件均完纳5两。同时，五国公使在合拟的商标法中还降低其他手续的收费标准，如注册给发印照由商部规定的30两降为10两，转换注册每件由25两降为5两，期满复行注册由25两改为10两，呈请注销每件从30两分别改为5两（由商标主自行申请）和10两（由他人申请）。

对于这份严重损害中国主权和利益的商标法，商部审阅后当即拒绝，就五国公使修改内容进行交涉，指出商标章程系根据西方国家定例制订，商标审定自应照各国通例办理，不能将领事裁判权运用到有关商标的审定和裁判上，因商标而产生的各种事端应属商标局管辖范围，与中外条约规定的治外法权无关；各项规费也系参照各国通例，"有绌无盈"，应按原议。但英、法、德、意、奥五国公使对商部的上述辩驳根本不予理会。10月25日，他们照会外务部，蛮横指责商部在商标法问题上牵提与此事无关之治外法权，与以前所订的中外条约的内容相违背，表示对商部意见"碍难应允"。次年，商部又参考五国公使所拟修改意见稿，最后改订《商标法规》68条，《商标施行细则》27条，《商标审判章程》40条，《商标特别条例》12条和《外国商标章程》6条，送交外务部，征求各国意见，但各国公使以条目繁多，系商部重新拟议，拒绝商讨。

1907年由商部改名的农工商部任命袁世凯之子袁克定为商标局局长，将第二次修订的过于庞大的商标法规进行第三次修订，并进行压缩，制订《商标章程草案》72条，《附则》3条，征求各国意见。但英、法、德驻华公使对农工商部拟订的商标法规仍然不予认同,认为该章程草案与五国合拟的商标章程"迥不相侔",坚持要求农工商部接受他们合拟的商标法,声称"本大臣既奉本国政府训示,惟有钦遵,仍持各国草稿大纲,希设法必以此为基础,勿再歧异"。由于英、法、德等列强的阻挠和破坏,直至1912年清朝覆灭,清政府制订的商标法也未能得以实施。有关商标的注册,只是在海关挂号,部中备案而已。

清末新政何以未能挽救清王朝[*]

1901—1911年的清末新政是晚清历史上的第三场改革运动，也是清政府的最后一场自救运动。1901年1月29日，在八国联军攻占北京的5个月之后，惊魂未定的慈禧太后在陕西西安以光绪皇帝名义发布上谕，宣布启动新政改革，以挽救清朝统治。然而，这场具有一定资本主义性质的近代化改革运动不但没有实现清政府的初衷，反而加速了清朝的覆灭，个中缘由，耐人寻味。

一、为新政筹款激化官民矛盾

清政府在义和团运动遭八国联军镇压的背景下启动新政改革，很大程度上是清朝最高统治者慈禧太后为了改变自身顽固

---

[*] 原载《国家人文历史》2013年第5期。

守旧形象，逃避列强追究其纵容排外运动的责任，以博取外人的欢心。因此，这场改革从一开始就无视民众利益。

在新政伊始讨论改革路径过程中，作为清廷负责新政总机关的督办政务处曾主张改革须以救贫为始基，绝不可"先事搜刮"，建议先尽裁冗费，取天下所痛恶者革除一二，天下所甚愿者兴办一二，以争取民心。但由于这一改革建议过于保守，并不符合当时慈禧太后的趋新意愿而未被采纳。清政府最终采纳的是湖广总督张之洞和两江总督刘坤一在《江楚会奏变法三折》中提出的改革方案和主张。

《江楚三折》的确如许多论者已指出的那样，是一个比较全面的近代化改革方案，内容涉及官制、军事、法制、教育、农工商业及财政和货币改革。但它同时也是一个地地道道的"先事搜刮"的改革方案，根本没有顾及当时中国的国力和民力。尽管刘、张在《三折》之外，专门上了一个《请专筹巨款举行要政片》，意识到改革要有充足的财力支持，建议为举办新政"专筹巨款"。但在这个附片里，刘、张并没有为新政如何筹得巨款提出任何可行的建议或方案，只是一味强调筹款的必要性和重要性，认为既要为列强筹备赔偿之款，更要筹办新政自强之款，"赔偿之款，所以纾目前之祸难；自强之款，所以救他日之沦胥"，声称"此时应省之事必须省，应办之事必须办，应用之财必须用"，全然以封建官僚长官意志看待改革中可能遇到的困难和问题，无视民生之艰辛。

在这一改革思想指导下，清政府的岁入和岁出及财政赤字随着新政的推行，直线上升。岁入由1900年的8 800万两，升至1903年的10 492万两，到1911年即增至29 700万两；岁出由1900年的1亿两升至1903年的13 492万两和1911年的37 400万两；财政赤字则由1900年的1 300万两升至1903年的3 000万两和1911年的7 800万两。在短短的11年里，清政府的岁入和岁出均增加2倍多，财政赤字则增加5倍有余。

随着这些财政指数的蹿升，广大民众的痛苦指数也急剧飙升。在新政改革的11年里，全国各地捣毁学堂、抗捐抗税、反饥饿、反禁烟、反户口调查、抗租和抢米风潮等各种形式的"民变"，连绵不断，风起云涌，总计1 300余次。其中，1905年103次，1906年199次，1907年188次，1908年112次，1909年149次。至1910年达到高潮，上升至266次，且规模和影响也愈来愈大，当年爆发的湖南长沙抢米风潮和山东莱阳民变，都曾震惊中外。

官民关系的恶化，严重危害清朝统治，对此，当时一些清朝官员就发出警告，提议须对新政加以调整。如直隶总督陈夔龙和河南巡抚宝棻在1910年的上奏中，就分别建议清政府为减轻各地负担，缓和社会矛盾，放缓改革步伐，收缩改革内容，"此时但当择其事之直接关系预备立宪者专精以赴"，以免"利未见而害丛生"。御史赵炳麟则在考察1910年长沙抢米风潮过后湖北、湖南两省的凋敝景象之后，更是直接痛陈新政给百姓所带来的痛苦，呼吁清政府必须关心民生，切勿忽视百姓利益，谓："夫民之所好，孰切于生；民之所恶，孰甚于死。无食则饥，无衣则寒。生死所关，正治民者所当加意也。"

可以说，新政没有顾及占全国人口绝大多数的广大下层人民的利益，反而将新政的各项负担多转嫁给广大下层民众，严重激化了官民矛盾，这是新政改革失败及加速清朝灭亡的一个重要原因。

二、政治改革引发的内讧

在清末新政改革过程中，1905年是一个重要的分水岭。受日俄战争日胜俄败系立宪战胜专制神话的迷惑和鼓舞，在国内立宪派和一部分官员的建议和奏请下，是年7月清廷颁布上谕，派遣五大臣出洋考察政治。1906年9月1日便发布诏书，宣布"仿行宪政"，将政治体制改革置于核心地位，作为新政的突破口。清政府的这一改革转向，不但打乱了清末新政改革计划，加重改革负担，而且诱发和激化了清朝统治集团内部的权力斗争，由此危害整个新政改革事业以及清朝的统治。

由于政治改革涉及权力的再分配，自预备立宪启动以来，清朝统治集团内部在新政初期达成的大体一致的改革共识即趋瓦解，各派围绕政治权力的再分配展开激烈斗争，政潮迭起，且愈演愈烈。1906年9月中央官制改革刚一启动，袁世凯就有意借官制改革机会，裁撤军机处，按照立宪国家成立责任内阁，拥护他的政治盟友庆亲王奕劻出任国务总理，自己做副总理大臣，以此达到控制中央政府的目的。但此一方案传出后，立即遭到王文韶、鹿传霖、瞿鸿禨、醇亲王载沣等官员的坚决反对，部院弹章蜂起，甚至慈禧太后本人也大为震怒，结果设立责任内阁方案胎死腹中。

1907年春夏之间，东三省官制改革又直接导致清廷内部发生轰动朝野的"丁未政潮"。以岑春煊、瞿鸿禨、林绍年为首的汉族官僚不满直隶总督兼北洋大臣袁世凯勾结庆亲王，借中央和地方官制改革之机扩充个人势力，联合御史赵启霖等，以杨翠喜案参劾庆亲王贪庸误国，引用非人，亲贵弄权，贿赂公行，结果导致袁世凯的亲信、黑龙江巡抚段芝贵遭撤职、查办，庆亲王之子载振被免去农工商部尚书一职。袁世凯和庆亲王则联手部署反击，先以广东有革命党人起事为由，将岑春煊排挤出京，由邮传部尚书调任两广总督，继又贿买御史恽毓鼎，参劾军机大臣瞿鸿禨"暗通报馆，授意言官，阴结外援，分布党羽"，致使瞿遭革职，后再设计诬陷岑春煊结交康梁、密谋推翻朝局，致使岑再遭开缺。同时，林绍年也被赶出军机处，出任河南巡抚。

丁未政潮从1907年的4月一直延续到8月，长达4月之久，虽然最终以奕劻和袁世凯的获胜而告终，但因预备立宪政治改革引发的权力斗争并没有因此归于平静，反而被重新点燃。丁未政潮平息后不久，富有统治经验的慈禧太后就进行权力的再分配，为抑制庆、袁权势，9月4日以明升暗降之策，将袁调离北洋，削去袁的兵权，任命袁为军机大臣兼外务部尚书，同时将另一位汉族重臣、湖广总督张之洞调入北京，任命张为军机大臣兼管学部。而在此前的6月19日，慈禧太后趁罢黜瞿鸿禨军机大臣之机，任命醇亲王载沣在军机大臣上学习行走，以此达到既制衡庆、袁权势，又加强中央和皇族集权的"一箭双雕"的目的。

1909年摄政王载沣上台执政后，清朝统治集团内部围绕政治改革而展开的权力斗争更趋白热化。为防止袁世凯在将来的政治改革中通过攫取责任内阁总理大臣一职，控制朝政，载沣在一部分满洲贵族和汉族官僚的鼓动下，于1909年1月2日下达上谕，彻底剥夺他的权力，以"足疾"为由，将袁开缺，令其"回籍养疴"。与此同时，载沣还进一步将权力集中在以他本人为首的满族亲贵少壮派之手，不但自任陆海军大元帅，训练一支由他亲自统率的禁卫军，还任命他的二位亲弟弟载洵和载涛分别为筹办海军事务大臣和军咨大臣，掌控清朝海军和陆军，打击妨碍他集权的其他满洲贵族，先后解除当时清廷中两位最具干练之才的满族官员铁良和端方的职务，撤除铁良训练禁卫军大臣和陆军部长的职务，将他外放为江宁将军；端方则在直隶总督兼北洋大臣位上，因在慈禧出殡场合所犯一个小错误而遭革职重罚。

因政治改革所引发的清廷内部权力斗争，一方面导致清末预备立宪政治改革严重走样，毁坏了清末政治改革名声和实际效果，同时也削弱了新政的领导力量，致使清朝末年呈现出"朝中无人"的景象，至1911年皇族内阁成立前夕，军机处只有军机大臣奕劻、毓朗、那桐、徐世昌四位人物，根本无力解决改革中出现的问题。另一方面，因政治改革引发的权力倾轧还加速了统治集团内部的离心力，特别是瓦解了作为清朝统治支柱的满汉官僚政治同盟关系，由此给清朝统治带来灾难性后果。当辛亥革命爆发后，手握北洋军权的汉族官僚大臣袁世凯，没有像曾国藩当年镇压太平天国农民起义那样对付武昌起义，继续维护清朝统治，反而与南方革命党人谈判、妥协，逼迫清帝退位。而清朝的满族亲贵们也因清末的权力斗争彼此猜忌、交恶，不能合力对付革命，而是自谋出路，各奔前程。清朝统治就这样在众叛亲离中轰然倒塌，这不能不说是预备立宪政治改革所产生的一个恶果。

三、政策失误，得罪民间立宪派

清政府在日俄战争之后启动预备立宪政治改革，不但激化了清朝统治集团内部的权力斗争，而且进一步恶化了与由传统士绅转化而来的国内立宪派的关系，促使原本支持清政府改革的国内立宪派倒向革命一边，进一步削弱了清朝的统治基础。

尽管清政府在启动预备立宪时，一再公开声明他们无意放弃君主权力，实行英式或美式宪政，但预备立宪一旦启动，这就打开了潘多拉盒子，自然激发起国内立宪派的民主热情，这是不以清朝统治者的意志为转移的一个必然结果。1906年9月1日仿行立宪上谕一颁布，国内立宪派便闻风而动，成立立宪团体和组织，研究和宣传西方宪政，推动国内政治改革。谘议局和资政院相继开办后，国内立宪派更是充分利用这一政治平台，行使民主权利，并于1910年发起三次全国性速开国会请愿运动，要求清政府于1911年召开国会，成立责任内阁。

虽然立宪派们提出的速开国会的要求在当时并不具备条件，过于激进，但他们因宪政问题与清政府产生严重的冲突而关系破裂，这是一个不争的客观事实。在速开国会的请愿遭拒后，国内立宪派便对清政府产生了二心，1911年春、夏间在国会请愿运动的基础上成立全国性的政党组织——宪友会，将建立宪政的希望寄托在自身力量的壮大上。当1911年5月8日清政府推出皇族内阁后，各省立宪派便立即采取行动，公开与清政府叫板，揭露皇族内阁"名为内阁，实则军机；名为立宪，实则为专制"，要求清政府解散皇族内阁，按照内阁官制章程，另简大员，重新组织，内阁须受议会监督。向以稳健著称的江浙立宪派领导人物张謇则于6月间为组织商界赴美访问团而到京请训时，特意绕道从武汉北上，到河南彰德探望谪居在家的袁世凯，商谈时局，有意与袁联合，另谋出路。

继皇族内阁之后，摄政王载沣于1911年5月9日推出的铁路国有政策，又进一步将国内立宪派推向对立面。虽然就修建铁路本身来说，鉴于商办铁路多年无效及铁路在国计民生中的特殊地位，国有政策实有其合理性和必要性，但清政府的铁路国有政策，在当时犯了严重的"只讲经济、不讲政治"的错误。

自19世纪末以来，铁路即成为西方列强争夺中国势力范围的一个重要对象和工具。因此，铁路政策不只是经济问题，它首先是一个政治问题。而清政府在推出铁路国有政策后，又于5月20日与英、德、法、美四国签订《湖广铁路借款合同》，这就极大地伤害了立宪派和广大士绅的民族主义感情，使铁路国有政策问题成为爱国和卖国之争。而清政府在未与资政院和谘议局商议的情况下，擅自宣布将地方铁路收归国有并与列强签订借款合同，这又使得铁路国有政策问题与当时立宪派捍卫宪政的斗争联系在一起。

更为糟糕的是，清政府的铁路国有政策还过于与民争利，严重损害了地方立宪派和民众的经济利益。在宣布将粤汉、川汉铁路收归国有之后，清政府没有给予各省商办铁路公司相同的合理经济补偿：粤省铁路公司由清政府发还六成现银，其余四成发给国家无利股票；湘、鄂两省商股全数发还现银，米捐、租股等发给国家保利股票；而对川省铁路公司，清政府不但对公司在上海橡皮股票风潮中亏空的300余万两不予补偿，并且对公司修路已用之款和现存之款一律换发国家铁路股票，概不退还现款，这就极大损害了川省立宪派和广大中小股东的经济利益，使得川省立宪派和民众与清政府的矛盾格外尖锐，演变为武装冲突。迨至武昌起义事发，各省立宪派便纷纷抛弃清政府，倒向革命一边，相继宣布独立。这些，都不能不说是清政府政经政策上的重大失误。

四、新政具有颠覆清朝统治的内在动力

清末新政没有挽救清朝统治，归根结底，也是由于其本身就具有革命性，具有颠覆清朝统治的内在动力。清政府本质上是一个封建政权，而新政在许多方面具有近代资本主义性质。由一个封建旧政权推行具有资本主义性质的改革，必然要突破旧政权的限制，成为旧政权的对立面。

以清末教育改革来说，清政府的目的无疑要培养符合他们统治需要的人才，因此在兴办近代学堂过程中施加了许多限制，要求无论何种学堂"均以忠孝为本，以中国经史之学为基，俾学生心术壹归于纯正"，一再严令学生不得从事政治活动，并谕令学务官员和地方督抚及学堂监督、学监、教员等务须切实整饬学风，对那些离经叛道的学生严加惩处，"以副朝廷造士安民之至意"。在驻外使馆中则设立留学生监督处，监督中国留学生的学习和日常活动，制定留学生约束章程，规定

留学生不得"妄发议论,刊布干预政治之报章",出版和翻译著作不得有"妄为矫激之说,紊纲纪害治安之字句",等等。但新式学堂学生和留学生一旦接受近代西方教育,接触西学知识和民主政治理论,就不是清朝统治者所能牢笼和控制的了,必然要突破清政府的限制,成为封建专制制度的异端制造者,投身爱国民主政治活动。据比较权威学者的研究,1902—1911年全国共发生学潮502堂次,波及京师和20个省份的各级各类学堂。事实上,清廷在1907年底发布的一道整饬学堂的上谕中也对国内学生的出轨思想和行为多加指责,惊呼"大为世道人心之害"。

与教育改革相似,新政军事改革也具有相同的效果。军队作为国家统治的重要机器,清政府编练新军的目的,不言而喻是为了巩固清朝的统治,并且部分也曾收到了这样的效果,清末的反清起义有些就是被新军镇压的。但另一方面,随着新军接受近代军事教育,以及新军官兵文化知识的提高,新军的国家意识和民族意识及政治觉悟也受到启蒙,使他们认识到当时中国社会的腐败、黑暗、落后以及民族危机的严重性,从而滋生对清朝统治的强烈不满,最终成为清政府的掘墓人。1911年10月10日推翻清朝统治的武昌起义的枪声,就是由湖北的新军首先打响的。随后,新军在宣布独立各省的起义中均发挥了十分重要的作用。其中,湖北、湖南、江西(九江)、陕西、山西和云南六省的起义,均由新军领导;贵州、浙江、广西、安徽、福建、广东、四川（成都）、江西（南昌）和江苏9省虽然由各省谘议局会同士绅、商人和商会宣布独立，但他们都得到新军的有力支持，实际上是新军军官与各省谘议局携手合作设立军政府。甚至在由清政府直接控制的原袁世凯训练的北洋军中，也发生了著名的声援武昌起义的滦州兵谏和滦州起义。

并且，无独有偶，作为清末军事改革重要组成部分的更为现代化的军事力量的清朝海军，虽然曾配合陆军镇压武昌起义，但在革命形势的鼓舞及革命党人的策反下，在武昌起义爆发后仅一个月即反戈相向，完全倒向革命一边，参加反清作战和北伐。

除了教育和军事改革之外，清末新政的其他改革，诸如经济政策、预备立宪政治改革等，也均具有类似的效果——搬起石头砸自己的脚。可以说，这是当时推行新政改革的清朝统治者未曾料到的一个历史宿命。

蔡元培的为人与风范[*]

在中国近代众多杰出历史人物中,蔡元培是一位较为特殊的人物。他既被国民党奉为党国元老,又被中国共产党视为战友,称他为学界泰斗,人世楷模。在北京新修的皇城根遗址公园中矗立的五四纪念碑上,也镌刻着蔡元培的人像,供人们缅怀、纪念。

蔡元培何以能够声名远播,超越党派、阶级和时代,受到人们的尊敬和怀念,请让我们一同追寻他的生平和事业,以揭开这一历史谜底。

一、从翰林学士到投身民主革命

蔡元培字子民,1868年1月11日出生在历史名城绍兴一

---

[*] 原载《炎黄春秋》2002年第11期。

个商人家庭。少年时代，蔡元培与当时的许多读书人一样，走的也是学而优则仕的科举道路。他于1883年考取秀才，1889年考中举人，1894年27岁时便获得了翰林院编修的功名。

然而，翰林的功名并没有给在科举仕途上一帆风顺的蔡元培带来常人称羡的高官厚禄，不久爆发的中日甲午战争彻底改变了他的人生道路。身处京城，蔡元培对清政府在民族危机面前所暴露出来的腐败和颟顸深感痛心和愤慨，曾以翰林院编修的身份列名奏请朝廷，反对向日求和、割地赔款，指责清政府与日本签订丧权辱国的《马关条约》的卖国行为，"虽韩、魏于秦，宋于金，不如是之甚也"。出于对清廷的极度失望，1895年秋他便乞假回乡一年，直至1896年12月才回京销假。

戊戌政变发生后，蔡元培反思变法运动失败的教训，开始确立教育救国的思想。他认为在中国这样一个积弊很深的大国，康、梁等维新志士试图通过皇帝下几道上谕来从事改革，使中国起死回生，这是不可能的；相反，只有从培养人才、开发民智着手，才能自强救亡。因此，他在戊戌政变发生后不到一个月，即于是年的10月告假，携眷离京南下，回到故乡绍兴，出任当时绍兴唯一一所新式学校——绍郡中西学堂（又名绍兴中西学堂）总理。

1901年，因守旧势力的压迫，蔡元培离开该学堂，转而前往上海担任南洋公学特班生总教习，并从事更为广泛的社会和政治活动。在上海，他曾与好友、乡试同年张元济合议创办《开先报》，后改名《外交报》，并应张元济之邀，兼任商务印书馆编译所所长，负责制订国文、历史、地理三科教科书的编纂体例；又与黄宗仰、林白水、蒋观云等社会人士一道组织成立中国教育会和爱国女校，并任中国教育会会长和爱国女校校长。

1902年底，南洋公学因学生不满守旧教员无端开除学生发生学潮，身为教员的蔡元培积极站在进步学生一边，与中国教育会的其他负责人一道组织成立爱国学社，担任总理，接纳退学学生。在课堂上他公开向学生传授西方资产阶级思想学说，并带领爱国学社的学生在上海的张园举行演说会，将《苏报》作为中国教育会和爱国学社的附属机关报，逐日轮流为《苏报》撰写论说，积极参与拒法、拒俄爱国运动。在学界，蔡元培成了当时国内进步青年学生的导师。

1903年6月《苏报》遭清政府取缔之后，蔡元培不但没有被清政府的镇压吓倒，反而以更大的政治热情和勇气从事革命活动。继《苏报》之后，他在上海重新创办出版《俄事警闻》《警钟日报》，通过宣传反帝爱国，激发人们的反清意识。办报之余，他还每月前往租界西牢探望因《苏报》案而入狱的章太炎和邹容。暗地里蔡元培则亲自参与暗杀和暴动活动，成立秘密反清组织光复会，并任会长，凭借他的声望，将江浙一带原来互不统属的革命势力联合在一起。1905年8月孙中山领导的中国同盟会成立后，蔡元培打破光复会内存在的严重的狭隘地域观念和宗派思想，积极将光复会纳入同盟会的领导之下，并欣然受命为同盟会上海分会会长，介绍一大批进步人士加入同盟会。

当然，作为一位翰林革命家，蔡元培与孙中山、黄兴等职业革命家不同。他一方面具有渊博的知识、高尚的道德，但同时也较其他革命党人更具有书生色彩。他在从事革命活动中几乎都以教育机构为据点，既没有深入下层会党，也没有深入新军，他可以凭借个人声望动员一部分人加入革命团体，但他并不善于做具体细致的组织工作，其革命手段也都偏重于暗杀，他本人即曾自谓"性近于学术而不宜于政治"。因此，在暗杀活动连遭失败、革命内部又产生不和的情况下，蔡元培对从事革命活动立刻产生了一些倦意，求学的念头油然而生，1907年6月他便随驻德公使孙宝琦前往德国留学，重新回到求学救国的道路上来。

二、从民国首任教育总长到学界领袖

1911年10月10日，武昌起义的枪声敲响了清朝灭亡的丧钟。蔡元培在德国得知这一消息后，立刻以激动的心情，提前结束他在德国西南小镇一所中学所做的心理学实验，匆匆赶回柏林，与当时留学德国的其他中国学生一道，商量如何为国内的武昌起义"稍尽义务"。

11月中旬，他便乘火车，取道西伯利亚回国，投身创建民国的事业，积极配合孙中山组织中华民国临时政府，1912年1月出任中华民国第一任教育总长。

在任教育总长期间，蔡元培以丰富的教育经验和从善如流的民主作风，打破党派门户之见，不拘一格，广泛延揽各类人才，组建起一个高效廉洁的中央教育行政机关，为实现由封建旧教育向近代教育的转化做了大量革故鼎新的工作。他一方面下令废除清末"忠君""尊孔"的封建教育宗旨，禁止使用清末学部颁布的旧教科书，废止中小学读经，废除旧时代奖励科举出身的办法，另一方面提出以军国民主义教育、实利主义教育、公民道德教育、世界观教育、美感教育作为民国的教育方针，组织制定和颁布一系列新的教育法令和法规，主持召开首次全国教育会议，确立中华民国新学制，有力地配合了民初民主共和政治的建设。他领导下的教育部在当时即备受舆论的赞许，称"教育部新旧杂用，分司办事……俨然有建设气象"。应邀出任教育次长的范源濂回忆与蔡元培一道主持民初教育部的情景时这样说道："在我们的合作期间，部里的人都是知无不言，言无不尽，讨论很多，却没有久悬不决的事；一经决定，立刻执行。所以时间很短，办的事很多。"

在1917—1923年主持北大的六年里，蔡元培以大无畏的勇气，按照近代西方资本主义国家的大学模式，对旧北大进行一系列的改革。在管理体制上，蔡元培力图贯彻教授治校、民主办校的原则,改变北大以往校务只由校长、学监主任和庶务主任等少数几个人独揽的做法,设立由教授组成的评议会,作为全校的最高立法机构和权力机构。在学制方面,蔡元培调整学科设置,坚决主张将北大办成以文、理两科为主的综合性大学,并推行选科制,废止文理分科,实行文理沟通。在大学设立研究所,开放女禁,实行大学男女同校。在校园文化方面,蔡元培积极支持和组织各种学术研究团体,提倡学生自治,引导学生朝德智体美四方面全面发展。在办学方针上,蔡元培坚持"思想自由""兼容并包"的原则,大力提倡学术民主,反对用政治干涉学术,反对专己守残的文化专制主义,主张不因人废言,让学术上的不同流派自由竞争。他指出:"我素信学术上的派别是相对的,不是绝对的;所以每一种学科的教员,即使主张不同,若都是'言之成理,持之有故'的,将让他们并存,令学生有自由选择的余地。"同时,他也坚持"教育独立"的原则,声言:"教育是帮助被教育的人,给他能发展自己的能力,完成他的人格,于人类文化上能尽一分子的责任;不是把被教育的人,造成一种特别器具,给抱有他种目的的人去应用的。所以,教育事业当完全交予教育家,保有独立的资格,毫不受各派政党或各派教会的影响。"

经过这些改革和整顿,北京大学的面貌焕然一新。蒋梦麟在《西潮》一书中这样描述北大在蔡元培领导下出现的深刻变化:"北大在蔡校长的主持之下,开始一连串的重大改革。自古以来，中国的知识领域一直是由文学独霸的，现在，北京大学却使科学与文学分庭抗礼了。历史、哲学和四书五经也要根据现代的科学方法来研究。为学问而学问的精神蓬勃一时。保守派、维新派和激进派都同样有机会争一日之长短。背后拖着长辫、心理眷恋帝制的老先生与思想激进的新人物并坐讨论，同席笑谑。教室里，座谈会上，社交场合里，到处讨论着知识、文化、家庭、社会关系和政治制度等等问题。这种情形很像中国先秦时代，或者古希腊苏格拉底和亚里士多德时代的重演。"

主持北大期间，蔡元培还对促进新文化运动的发展起到了独特的作用。他任北大校长后，在思想自由、兼容并包的原则下，排除来自各方保守势力的压迫和反对，大力延聘像陈独秀、胡适、李大钊、钱玄同、高一涵、鲁迅、刘半农等这样一些新派学人为北大教员，使新文化运动的力量汇聚到北大。尤其是他支持陈独秀将《新青年》杂志迁到北大，更是对新文化运动的发展起了关键的作用。《新青年》迁到北大后，由于北大进步师生的加盟，改变了以前作者多为皖人的局限，宣传内容更广泛，影响也更大，开始真正扎根到"新青年"之中。而在《新青年》的影响下，北大进步师生创办的《新潮》《每周评论》《国民》等杂志，又进一步扩大了新文化运动在全国的影响。这样，新文化运动便在北大进步师生的共同努力下，从原来由陈独秀等少数人提倡的文化运动变成有大批青年学生拥护的全国性的思想解放运动，而北大也由此成为这场运动的中心。

对于蔡元培在新文化运动发展中所起的作用，梁漱溟说过一段十分肯綮的话，他说："所有陈、胡以及各位先生任何一个人的工作，蔡先生皆未必能作，然他们诸位若没有蔡先生，却不得聚拢在北大，更不得机会发抒。聚拢起来，而且使其各得发抒，这毕竟是蔡先生独有的伟大，从而近二三十年中国新机运亦就不能不说蔡先生实开之了。"

在1919年"五四"反帝爱国运动中，身为校长的蔡元培十分同情和支持广大青年学生的爱国热情。他不但拒绝接受当时北洋政府开除参加游行示威学生的指令，而且亲自出面，多方营救被捕学生。5月7日晨，他率领北大师生在汉花园红楼前面的文科广场迎接被捕学生归来，对他们倍加慰勉。第二天在得知北洋政府决定撤免他的北大校长的职务后，他担心因他个人的进退导致学生与政府的冲突，为了保护学生，便于当日毅然提出辞呈，一人承担责任。蔡元培在学生运动中所表现出来的这种忍辱负重的高尚品德，不愧为学界的楷模，深得广大师生的尊敬和拥戴，北京、上海等地的学界立刻掀起声势浩大的"挽留蔡校长"运动。在广大师生和社会舆论的压力之下，北洋政府只好让步，总统徐世昌不得不签署挽蔡的命令。9月，在五四运动的目标基本实现后，蔡元培在各方的劝说下，返京回校任职。

然而，作为一位教育家，蔡元培并不赞成学生过多地卷入政治，闹学潮。他回北大复职后就一再呼吁北大学生尽快回到求学救国的道路上来。他指出："现在一般社会也都知道政治问题的重要，到了必要的时候，他们会对付的，不必要学生独担其任。现在学生方面最要紧的是专心研究学问。"因此，蔡元培对五四后北大出现的学潮多持反对的态度。在1922年的"讲义费风潮"中，他甚至与学生发生直接冲突，开除一名带头闹学潮的学生。

五四期间，随着蔡元培将教育文化视为最重要的事业，他的政治态度也发生了明显的变化。在追求国家独立和民主政治中，他不再主张任何激烈的阶级斗争和社会革命，而只赞成和平渐进方式的改良，表现出明显的自由派知识分子的立场。1922年5月，他与王宠惠、陶行知等16人，联名发表由胡适起草的《我们的政治主张》，希望在军阀吴佩孚的统治之下，在中央出现一个"好人政府"。与此同时，他反对孙中山为护法而诉诸武力，主张南北双方通过和平谈判，实现国家的统一。在与反动军阀的斗争中，蔡元培转而采取一种典型的学人式的斗争手段——不合作主义，即以辞职告退的方式作为与军阀、官僚、政客当权者进行斗争的主要武器。1923年1月为抗议直系军阀和一部分官僚政客践踏人权，破坏司法独立，制造"罗文干贿赂案"，蔡元培毅然向总统黎元洪提交辞呈，并发表声明，表示耻于与反动政客为伍，要求辞去北大校长的职务。

7月，他便携眷第四次赴欧游学。

三、党国元老，功在科教

1927年南京国民政府成立后，蔡元培虽然因为他早年的特殊身份和经历，同时也由于他当时参与了蒋介石策划的"反共清党"活动而被奉为党国元老，在南京国民政府中历任数职，但他并没有由此迷恋官场，而是始终保持一位学人的本色，把精力主要用在发展教育和科学事业上。

为实现他的教育独立的夙愿，蔡元培在南京国民政府成立不久，即以教育行政委员会委员的身份，着手改革官僚化的教育部，筹划仿效法国教育行政制度，组织中华民国大学院，作为全国最高学术和教育行政机关；同时提议改革地方教育行政制度，在全国推行大学区制，以取代省市教育厅局的职能，由一部分教授和专门研究教育的学者来负责教育，避免学术教育官僚化、衙门化，避免外行领导内行，实现专家办教育。1927年10月蔡元培出任大学院院长后，又提出以科学化、劳动化和艺术化作为新的教育方针，强调对一切事物，都要不轻信，不盲从，考其所以然，穷究其因果关系，让学生树立科学的态度和方法，"养成科学头脑"，同时打破劳力与劳心的成见，养成劳动观念，培养学生的艺术兴味。由于蔡元培的教育理念与南京国民党政权的"党化教育"多相抵触，他在教育行政制度方面实行的改革在国民党内遭到强烈的非难，不到一年，大学院便于1928年8月遭废止。

大学院制改革失败后，蔡元培即辞去大学院院长及在南京国民政府内的各项兼职，专任中央研究院院长，直至病逝。在任中央研究院院长的13年里，蔡元培继承民国元年任教育总长和后来任北大校长时的领导作风，奉行人才主义，知人善任，选贤择能，同时发扬民主，不专权，不居功，使人和机构各尽其能。对于蔡元培的这种领导作风，与他共事多年的胡适曾作过精辟的评论，认为蔡较诸蒋介石更有领袖风范。他说："我与蔡孑民先生共事多年，觉得蔡先生有一种长处，可以补蒋先生之不足。蔡先生能充分使用他手下的人，每委人一事，他即付以全权，不再过问。遇有困难时，他却全身负其全责；若有成功，他每啧啧归功于主任的人，然而外人每归于他老人家。因此，人每乐为之用，又乐为尽力。迹近于无为，而实则尽人之才，此是做领袖的绝大本领。试看他近年用杨杏佛。杏佛是一个很难用的人，然而蔡先生始终得其用。中央研究院的粗具规模，皆杏佛之功也。杏佛死后，蔡先生又完全信托于丁在君（即丁文江——引者注）。在君提出的改革方案有不少的阻力，但蔡先生一力维持之，使在君得行其志。"胡适的这段话，可以说是道出了蔡元培之所以能成为中国现代文教界和科学界一位众望所归的领导人的魅力所在。

在如何推动学术研究方面，蔡元培也提出一系列的指导思想。他一方面坚持学术自由，充分尊重各专家的个人兴趣，坚信"学院自由正是学术进步之基础"；另一方面强调学术研究应根据研究问题的性质，有轻重缓急之分，并提出三条标准：第一，一种研究可为其他若干研究提供凭借者宜列在首位；第二，具有地域性的研究，即我国研究条件尤优于外国人者，宜优先从事；第三，凡一种研究，因其问题特别重要，其结果可为他种相关工作之标准者，宜尽先从事。

在基础科学和应用科学两者的关系上，蔡元培主张两者兼顾，不可偏废。他指出，对于基础科学不能完全以一时的功效来衡量，而应看其长远的影响。同时，蔡元培也提出不可忽视应用科学的研究，要求研究人员应加强与原料和生产直接有关的问题的研究，以满足国家和社会的需要。

在开展学术交流方面，蔡元培坚决反对唯我独尊，强调中央研究院应加强同国内各科研单位和大学的平等合作。他明确表示："中央研究院只能利用他的地位，时时刻刻与国内各机关联络交换，不可以阻止旁人的发展，或是用机械的方法来支配一切研究的题目，这是本院成立以来一贯的方针。"本着这一思想，1935年中央研究院组织成立的全国最高学术评议机关——评议会，除了中央研究院院长和各研究所所长为当然评议员外，另又推举和选择30名学术界的中坚人物为聘任评议员，举凡国内重要的大学和学术研究机关，均有代表当选，使之成为"中国学术合作的枢纽"。

在对外学术交流上，蔡元培不仅鼓励"学欧美之所长"，对正常的中外学术交流持积极态度，尽可能地选派国内研究人员参加有关的国际学术活动，又十分注意维护中国的主权。每遇有外国学者来华考察，中央研究院都要与他们订立条例，规定不得从事学术之外的活动，所采集的标本须一律先经本院选聘专家审查后，方可运出国外，并将标本的复本留一份给中国，若无复本，则应将正本留归中国。另规定外人从事考察活动，都须有中央研究院派员参加，这样既达到中外学术合作的目的，也可监督和杜绝个别外国学者借学术研究之名从事不正当活动。蔡元培常常勉励国内学者致力于中国的科学研究事业，维护学术独立地位，以抵御一些资本主义国家在文化和科学领域对中国的侵略。

在蔡元培的精心组织和领导下，中央研究院的各项研究事业获得蓬勃的发展。至1929年，中央研究院即设有物理、化学、工程、天文、气象、历史、语言、心理、社会科学及自然历史博物馆等十个研究所。各所成立后都进行了卓有成效的研究，在国内学术界均居于领导地位，并提携和培养了一大批科学专门人才，为中国现代科学事业的发展奠定了基础。

四、晚年忧政，民主抗日

蔡元培一生既是学界中人，又是党中人。作为党中人，蔡元培在政治上并没有与国民党的官僚沆瀣一气，而是一如既往地坚持民主和爱国，并由此逐渐走上与南京国民党政权离心离德的道路。

蔡元培与蒋介石国民党政权之间的裂隙，其实从南京国民政府成立之日起即已存在。1927年，蔡元培虽然站在党派和阶级的立场上，参与国民党新右派蒋介石策划的"反共清党"活动，建立南京国民政府，但同时他从一开始就在国民党内坚持民主和法制，反对专制独裁统治。在"清党"初期，他就曾对浙江清党委员会草菅人命、枪杀20余名共产党员和革命青年提出严厉批评，指出："我们不能随便杀人！昨天那样办，太荒唐！太草率！太不好了！此后必须谨慎。"他甚至还出面营救可能遭国民党逮捕的共产党人和革命青年，四五月间暗中分别通知被列入"清党"对象的朱宜权、韦悫出走，以免遭国民党的毒手。同年8月，出面保释被捕入狱的进步青年史良和同学郑观松。1927—1928年，他又专门写了一篇题为《追怀不嗜杀人的总理》的文章，劝告国民党当局继承孙中山的高尚人格，以德服人，停止滥杀。

1928年大学院制改革失败后，蔡元培与南京国民党政权的裂痕进一步加深。8月17日，他因不满国民党内官僚政客朋比为奸，公开提出辞去国民党中央政治会议委员、国民政府委员、大学院院长、代理司法部长等职，专任中央研究院院长，致力于科学事业。他在辞呈中写道："窃元培一介书生，畏涉政事。前以全国尚未统一，人才不能集中，备员国府，一载于兹。……顷统一告成，万流并进，人才济济，百废俱兴。元培老病之身，不宜再妨贤路，且积劳之后，俾可小息。……愿以余生，专研学术，所以为党国效力者在此。"对于10月8日国民党中央执行委员会常务会议推举他为监察院院长，蔡元培也坚辞不就，私下里对胡适说："这时候哪有监察的事可做？"同时，他对胡适发起"人权运动"，抨击南京国民党政府不保障人权，要求思想言论自由，甚为赞赏，写信予以支持，称赞胡适的文章"振聋发聩，不胜佩服"。

1932年，为捍卫民权，反对蒋介石专制独裁统治，蔡元培本人直接走上与南京国民党政权公开对立的道路。经过近半年的酝酿和活动，12月17日，他与宋庆龄、杨杏佛、林语堂等在上海联名发表宣言，宣布成立中国民权保障同盟。

同盟成立后，蔡元培作为副会长，与其他同志一道，为实现同盟所提出的任务做了大量的工作：参与营救许德珩、侯外庐、马哲民、罗登贤、廖承志、陈赓、丁玲、潘梓年等进步人士和共产党人的活动，并对其他一些被国民党非法拘捕或杀戮的政治犯进行声援或昭雪；抗议江苏省政府主席顾祝同非法枪杀《江声日报》经理兼主编刘煜生；亲到上海德国领事馆递交抗议书，抗议希特勒疯狂迫害德国进步人士和犹太人民，摧残文化，违背人道；接待英国著名作家、费边社成员萧伯纳来华访问，以扩大保障民权运动在国际上的影响。

对于蔡元培以党国元老和中央监察委员的身份参与组织民权保障同盟活动，南京国民党当局极为恼火，不断加以恐吓、威胁，指责他的行为"拘于私情，曲加保护，为反动张目"，"破坏本党威信，逾越中委职权"，宣布同盟为非法组织。对此，蔡元培进行了积极的抗争。2月9日，他在报刊上发表谈话，公开声明："本同盟组织之目的为保障人权促进法治，宗旨纯正，态度光明，绝对不能谓为'非法'。反之，凡一切反对本同盟之主张，则恰为非法。"

1933年6月18日，民权保障同盟总干事杨杏佛遭蓝衣社特务枪杀身亡。面对国民党特务的子弹威胁，蔡元培也没有被吓倒。事情发生后，他于当日上午9时即驱车赶至现场，然后前往医院审视遗体，接着开会讨论善后事宜，一面代表家属，聘请律师，进行法律交涉，同时致电林森、汪精卫，要求立即"饬属缉凶，以维法纪"。20日，蔡元培亲自主祭并致悼词，表达他对痛失斯人的哀悼及随时准备为保障人权而牺牲生命的坚强决心。

在追求和捍卫民主的过程中，蔡元培同时坚持反帝爱国思想。1928年北伐刚完成，他就在国民党第二届五中全会上提出《关于外交问题提案》，要求将废除不平等条约列入国民政府的议事日程，把国民革命进行到底。

"九一八"事变发生后，蔡元培大力宣传抗日，力促蒋介石国民党政府改变消极抗战政策，实行全民抗日。1933年1

月，他在赠给鲁迅的两首七律诗中，对蒋介石"攘外必先安内"的政策做了严厉的鞭挞，诗云："养兵千日知何用，大敌当前暗不声。汝辈尚容说威信，十重颜甲对苍生。""几多恩怨争牛李，有数人才走越胡。顾犬补牢犹未晚，抵今谁是蔺相如。"1934年，在赴南京出席行政院院长兼外交部长汪精卫举办的宴饮上，他又苦劝汪改变亲日政策，语重心长地说："关于中日的事情，我们应该立定严正的态度，以大无畏的精神，推进抗战的国策，由我们到我们的后辈一直抵抗下去，一定有出路。"在写给一位友人的信中，他进一步表达了希望结束国民党一党专政，实行国共合作、共赴国难的愿望。

由于蔡元培坚持民主抗日的进步立场，他在当时就受到中国共产党人的欢迎和赞许。1936年9月，毛泽东亲笔致函蔡元培，对他的言行给予高度赞扬，并希望他为促成国共合作、实现全民抗日做出更大的贡献。

1937年上海沦陷后，蔡元培移居香港，仍然十分关心中国内地的抗战，不顾自己年老体弱，继续从事抗日宣传活动。1938年5月，他应邀出席保卫中国大同盟和香港国防医药筹赈会举办的美术展览会开幕式，发表精彩的演说，将美术与抗战联系起来，指出：美术作品所表现出来的宁静和强毅的精神，不但前方冲锋陷阵的将士不可不有，就是后方供给军需、救护伤兵、救济难民以及其他从事不能停顿之学术或事业者，亦不可不有之；有了这种精神，始能免于疏忽、错乱、散漫等过失，始能在全民抗日中担得起一份责任。1939年12月，就在他病逝前三个月，还用《满江红》词调，亲自为国际反侵略运动大会中国分会撰写会歌，对中国的抗战事业充满必胜信念，其歌云："公理昭彰，战胜强权在今日。概不问，领土大小，军容赢诎。文化同肩维护任，武装合组抵抗术。把野心军阀尽排除，齐努力。我中华，泱泱国。爱和平，御强敌。两年来博得同情洋溢。独立宁辞经百战，众擎无愧参全责。与友邦共奏凯旋歌，显成绩。"

然而，蔡元培毕竟年事已高，没有能够目睹抗战的胜利，便于1940年3月5日9时45分在香港九龙寓所溘然长逝，享年73岁。

中篇

中国近代史研究范式与方法再检讨[*]

范式化是中国近代史研究中的一个鲜明特点。中国近代史研究范式虽然不像自然科学研究中的范式那样缜密，以一种范式取代另一种范式，而是多种范式并存，但它们产生了与自然科学研究范式相近的效果，每一次范式的更替都带来历史叙事的变革。历史研究是一门科学，为探寻近代中国历史真相或规律、意义与启示，构建一个更加科学和更具主体性的中国近代史学科体系、学术体系和话语体系，对既往研究范式与方法做一回顾和反省，这是很有必要的。

一、革命史范式

革命史范式是中国近代史研究中影响最大的一个研究范

---

[*] 原载《社会科学文摘》2020 年第 8 期。

式，形成于20世纪三四十年代，以马克思主义学者李鼎声的《中国近代史》、范文澜的《中国近代史》上编第一分册和胡绳的《帝国主义与中国政治》为代表，初步构建起中国近代革命史叙事体系。新中国成立之后，随着新民主主义革命的胜利，革命史范式进一步完善，形成"一条主线""两个过程""三次高潮、八大事件"的历史叙事体系，以反帝和反封建为中国近代历史主题。其中，以1981年出版的胡绳的《从鸦片战争到五四运动》一书最具代表性和权威性。

革命史范式所构建的这一叙事体系，固然揭示了近代中国的社会性质和主要矛盾，为近代中国革命指明了方向，但从中国近代史学科体系来说，它本质上是一个政治史体系，不足以反映近代中国历史全貌。尽管在构建这一叙事体系过程中，许多依据革命史范式撰写的中国近代史教材为避免中国近代史成为一部单纯的政治事件史，都在著作中添加一些有关经济史、社会史、文化史和思想史方面的内容，但受制于革命史范式，这些内容很大程度从属于反帝反封建历史叙事，或为点缀，占很少篇幅，并不足以改变其重政治而轻其他的倾向。并且，站在革命立场上，这一叙事体系将中国近代阶级和阶级斗争简单化，无论在史料的整理和出版方面，还是在具体的学术研究和教学领域，都偏重和突出中国人民的反帝反封建斗争，忽视对革命对立面国内统治阶级和国外帝国主义列强的研究，忽视制度史的研究，忽视阶级和民族矛盾之外的其他矛盾，忽视了历史的多面性。就政治史研究来说，也是不够全面的。此外，在中国近代历史分期问题上，这一叙事体系不是根据社会形态作为划分依据，以1840—1949年历史作为中国近代史的研究对象，而是以旧民主主义革命和新民主主义革命作为分期依据，选择1919年作为中国近代史的下限，这也是不够科学的，不利于全面了解和把握中国近代历史发展的连续性和发展规律。

20世纪80年代之后，在改革开放政策和实事求是思想路线的指引下，革命史范式有了重大修正和改进。革命史范式的第一个改进是，将中国近代史的下限由1919年的五四运动改为1949年中华人民共和国成立。尽管早在50年代就有学者主张将中国近代史的下限放在1949年，但这一历史分期最终在80年代之后才得以调整。这一修正不只是一个简单的历史分期的变动，它对推动中国近代史学科的发展具有两方面积极意义：一方面纠正了过去以阶级斗争为中心，以旧民主主义革命和新民主主义革命划分中国近代、现代史的做法，代之以社会形态作为划分中国近代历史分期的依据，更为科学；另一方面消除了旧民主主义革命与新民主主义革命之间的人为割裂，保持了中国近代史学科的完整性，并由此推动了国内民国史、抗战史、新民主主义革命史与中国近代史的融合。

革命史范式的第二个修正是对阶级和阶级分析的方法、观点做了反思，反对将马克思主义阶级分析简单化、公式化，明确表示"不应当把任何社会现象都用，或者只是用阶级根源来解释，不应当把任何社会矛盾都说成是敌对阶级之间，或这个阶级和那个阶级之间的矛盾"。"对于革命和改良，不能脱离具体的历史条件而作抽象的价值评估"，"在和旧势力的斗争中，改良主义是有积极的进步意义，而且在客观上有为革命作前驱的作用"，"把马克思主义阶级分析的观点简单化、公式化是我们所不取的"。

革命史范式的第三个改进是在坚持反帝反封建历史主题的前提下，承认现代化、民族解放运动也是近代中国的历史主题，两者是并行不悖的，明确表示"中国近代的历史运动，归结起来是一个民族运动。整个民族运动的过程，也就是中国要求改变社会落后，实现近代化的过程"；"从1840年鸦片战争以后，几代中国人为实现现代化做过些什么努力，经历过怎样的过程，遇到过什么艰难，有过什么分歧、什么争论，这些是中国近代史中的主要题目。以此为主题来叙述中国近代历史显然是很有意义的"。

革命史范式所做的上述三点修正，适应时代和学术的发展，为这一范式注入了新的活力。但另一方面，由革命史范式主导构建的中国近代史，基本上属于政治事件史的叙事体系，仍然不能完全克服其固有的缺陷，不足以反映中国近代历史的全貌。并且，这个叙事体系由于过于革命史化，难免将复杂的历史简单化或绝对化，在诸如有关中国近代革命与改良、激进与保守、主战与主和，以及各阶级的革命性和局限性等问题上，导致一定的认识偏颇。因此，革命史范式一直以来也受到其他范式的质疑和挑战。

二、现代化范式

现代化范式的影响与革命史范式不相伯仲，也形成于20世纪三四十年代，以资产阶级学者陈恭禄的《中国近代史》上下两册和蒋廷黻的《中国近代史》为代表。其背景是要为当时的蒋介石南京国民政府寻找中国发展道路。1949年新中国成立之后，这一现代化叙事体系作为资产阶级唯心史学遭批判、被摈弃，在国内中国近代史研究中销声匿迹。20世纪80年代之后，受改革开放政策和实事求是思想路线的影响，现代化范式重回中国近代史研究，并形成两类既有联系又有区别的现代化范式。

一派以国外研究中国近代史的学者及少数西化派的中国学者为代表，他们沿袭蒋廷黻的现代化叙事体系，并进一步系统化、具体化。这一派学者一方面根据西方现代化历史与理论，将中国传统与近代西方文明完全看作对立的两极，既忽视中国古代社会的多样性、复杂性和内在的活力，也忽视近代西方国家与社会的变异性和差异性，采取一种典型的"传统—近代"两分法的思维模式，凡是西方的和近代的都是进步的，凡是传统的和非西方的都是落后的。同时，他们还从现代化史观出发，将革命说成是近代中国历史的悲剧，以改良主义否定近代中国革命的必要性和合理性，认为"近代中国悲剧的原因之一是人们放弃了梁启超那种调适性的现代化取向，而采取了革命论的转化思想"，"中国革命几近一世纪，革命固有所得，但代价太高，尤其以革命换取贫穷最为不值"；他们甚至以现代化否定中国近代反对西方国家侵略的必要性、合理性与正当性，以近代上海、香港等沿海通商口岸的历史为例，将殖民地化等同于现代化，认为"殖民化在世界范围内推动了现代化进程；如果没有近代西方殖民征服，人类尤其是东方各民族所有优秀的自然才能将永远得不到发展"。这一派学者的研究将现代化范式与革命史范式完全对立起来，全盘接受西方学者的观点和理论，姑且可称之为"西化派"。

另一派学者对"西化派"现代化范式有所纠正，认为传统与现代并非完全对立两极，"传统因素既是中国现代化的前提和基础，也是中国现代化的国情所在，对此既不可简单地视为对立物而予以全部抛弃，也不可笼统地称之为优越性而给予全面弘扬，而是应持批判继承的态度"；同时，他们也不排斥革命，明确表示"就完整意义上的现代化而言，反帝反封建的改革和革命应该包含在现代化进程之中"，"反帝反封建的改革和革命既是现代化的一个组成部分和一种重要动力，也为现代化建设解决制度、道路问题，并扫除障碍"。这一派主要是国内一些研究中国现代化史的学者，姑且可称之为现代化范式的"修正派"或"本土派"。

相对于传统的革命史范式，现代化范式重视生产力和经济发展、民主政治进程、社会进步、国际性整合等主题，确乎为我们认识近代中国历史提供了一个新的视角，在某些方面可补革命史范式之不足。但现代化范式存在的局限也是显而易见的。姑且不论"西化派"的现代化范式因其严重的意识形态色彩已被国内学者所摒弃，即使"修正派"或"本土派"构建的现代化叙事体系也同样存在严重问题，不足以反映和揭示中国近代真实历史进程。一则"修正派"或"本土派"构建的现代化叙事体系并没有摆脱这一范式固有的"西方中心论"思想，尽管他们口头上表示传统与现代并非对立两极，中国自有其国情，但在实际叙事过程中依然还是完全以西方现代化模式和标准作为坐标系，与"西化派"并无两样，"即中国历史中只有那些符合西方现代化定义的发展轨迹才值得研究"。同样，虽然"修正派"或"本土派"口头表示现代化叙事并不排斥革命，也不排斥阶级分析方法，但在实际叙事过程中，中国近代反帝反封建革命还是被遗忘、被淡化。这些都是现代化范式固有局限所决定的。

再者，"修正派"或"本土派"主张"把以阶级斗争作为社会变革的根本动力转变为以生产力的发展作为社会变革的根本动力"，这一观点并不完全符合唯物史观。生产力确乎是人类社会发展的根本动力，决定一定社会的经济基础和上层建筑，这是马克思对人类社会进行长时段考察之后得出的科学结论，用以揭示人类社会形态的转变。但同时马克思和恩格斯也一再明确表示"至今一切社会的历史都是阶级斗争的历史"，阶级斗争"是历史的直接动力","自从原始公社解体以来,组成为每个社会的各阶级之间的斗争,总是历史发展的伟大动力"。并且,鉴于生产力和经济的发展往往是一个缓慢过程,有一个从量变到质变的过程,因此,在研究近代中国历史过程中,我们不能只讲生产力这一根本动力的作用,而不讲阶级斗争这一直接动力的作用,两者是不相排斥的。

对于中国近代史研究中的革命史范式与现代化范式之争,目前国内学界愈来愈主张超越两个范式之争,认识到革命和现代化都是近代中国历史主题,两者是不相排斥的。但在如何实现超越上,并没有在实践中很好加以解决和落实。并且,由于这两个范式各有其固有或共通的缺陷,在中国近代史研究中并不能解决所有问题,它们预设的目的论倾向不但将许多历史排除在研究之外,并且在历史认识和历史评价方面表现出以各自的后见之明看待过去的历史,偏离马克思主义的历史主义之虞。因此,仍然需要其他理论和研究方法加以补充和完善。

三、"冲击—回应"范式与"中国中心观"取向

"冲击—回应"范式与"中国中心观"取向是中国近代史研究中的两种对立范式。其中,"冲击—回应"范式盛行于20世纪五六十年代的美国学界,以费正清为代表。其背景是要为冷战初期的美国和西方资本主义国家处理中西关系提供历史

和理论依据。这一派学者强调外部因素对近代中国产生的正面影响，认为中国的进步都"是一个更加强大的外来社会的入侵所推动的"，直至19世纪中叶遭受西方列强冲击之前，中国社会基本处于停滞状态，并缺乏内在自我革新和发展的动力和活力，只有在遭遇西方的冲击之后，中国方面才产生回应，出现一些重大变革和进步，开始由传统社会向现代社会迈进，因此，近代中国历史"只有放在与西方接触的背景中才能加以理解"。并且，这一派学者还认为，中国的回应迟缓，没有成功走上西方近代化道路，主要原因在于"传统格局的惰性和顽固，以及物质和精神上的封闭自足，这一切都使得中国面对西方挑战时反应迟钝、举步维艰"。可以说，"冲击—回应"范式构建的近代中国历史叙事体系与"西化派"现代化范式在许多方面有着共通之处，是现代化范式的另一种表述——将中国的现代化过程看作对西方冲击进行回应的过程。

"冲击—回应"范式构建的历史叙事，强调外部冲击对近代中国的影响，应该说有一定的历史根据。近代中国历史与以往中国历史的不同之处，就在于被强行卷入国际资本主义体系之中，与世界发生密切关系。就此来说，它与革命史范式中有关帝国主义与中华民族的矛盾是近代中国社会一个基本矛盾的论述有一致之处。同样，"冲击—回应"范式强调中国传统和内部惰性力量在中国现代化中的阻碍作用，也不能说毫无根据，它与革命史范式中有关人民大众与封建主义矛盾的论述也有一致之处。但"冲击—回应"范式由此完全无视中国传统和内部的活力,将中国的落后完全归咎内部的各种惰性和破坏力量,为帝国主义的侵略和破坏开脱责任,表示"中国变革的力量十分薄弱,这与其说是西方帝国主义造成的,还不如说是中国强大的社会秩序、政权和文化本身所造成的。正是中国文明的凝聚力和结构的稳定性,从根本上阻碍了中国对西方的威胁尽快做出回应"。同时否定中国革命的合理性、必要性和进步性,将英美等列强在中国获得的治外法权看作"是我们今天称之为人权的具体表现"。这显然不是一种科学的历史主义态度,表现出来的是意识形态的立场问题。

可以说,在美国和西方学界,"冲击—回应"范式存在的问题在许多方面与"西化派"现代化范式如出一辙,都是一种典型的"西方中心论"思想。它们虽然是一种学术研究,但背后都具有意识形态成分,即在"冷战"期间为以美国为首的西方资本主义国家对亚洲国家进行政治、军事、经济干涉提供历史依据和正当性,将近代西方社会当作各国楷模,希望像中国这样的非西方国家完全按照西方国家的经验和标准实现"现代化",完成由"传统"到"现代"的转变,迫使所有非西方不发达国家都接受西方的社会制度,"被用以对付马克思列宁主义对'落后'和'未发达'现象的解释"。这是我们在使用这一研究范式时需要特别加以警惕的。

"中国中心观"研究取向是柯文教授对20世纪70年代之

后美国学界中国近代史研究出现的一种新的趋势所作的概括。其产生背景是,受美国发动越战失败的影响,一些美国和西方学者开始重新反思中西关系和历史。这一派学者批评"冲击—回应"范式、现代化范式和"帝国主义论"存在严重的西方中心论思想,不足以揭示近代中国真实历史,夸大了西方在中国近代历史进程中的作用。他们强调中国社会内部存在强大变革力量,提倡从中国内部发现历史,超越传统与现代,加强区域史、地方史和下层社会史的研究,不仅把近代中国历史"视为外部势力的产物,而且应视为帝制时代最后数百年出现的内部演变的产物"。为克服西方学者以"他者"或"局外人"的眼光看待近代中国历史,这一派学者还建议采取"移情方法","从置于中国史境(Chinese content)中的中国问题着手研究",以"局中人"身份了解"中国人自己是怎样理解、感受他们最近的一段历史的"。

"中国中心观"研究取向作为"冲击—回应"范式之否定,提倡从中国内部因素和"局中人"的角色考察近代中国历史,应该说具有一定的纠偏意义,为观察和研究近代中国历史提供了一个新的视角,开拓了一些新的研究领域。但另一方面,"中国中心观"作为一种范式,显然矫枉过正,忽视西方冲击对近代中国的影响,夸大了中国内部因素的活力和影响力,夸大了中国历史的独特性,从一个极端走向另一极端,同样不足以解释中国近代历史。

再者，需要特别指出的是，"中国中心观"的取向也没有从根本上破除西方学者中根深蒂固的"西方中心论"偏向。柯文教授提出的"移情方法"，固然可以一定程度让一些西方学者从局外人转变为局中人研究中国历史。但无论是局中人还是局外人，中外学者都需要以某种理论或方法指导自己的历史研究，并且将各种社会科学理论运用到中国近代史研究之中，这也是柯文教授所说"中国中心观"的一个特点。虽然柯文教授严厉批评西方学者运用近代化理论阐述近代中国历史犯了严重的"西方中心论"的毛病，但他忽视了将西方人类学、政治学等社会科学理论和方法运用到中国近代史研究，如不谨慎，也会犯同样的错误。

四、"社会—国家"范式与市民社会理论

"社会—国家"范式作为"中国中心观"取向的一个具体化，从社会与国家互动角度，探视中国近代社会的发展与演变，一定程度克服或避免了既往研究范式中"传统"与"现代"、"中"与"西"、革命与改良等二元对立的困扰，为中国近代史研究提供了一个新的分析框架，特别是对推进社会史研究起到了十分积极的作用。但如同其他范式一样，"社会—国家"范式也有其局限性。

首先，作为对"冲击—回应"和现代化范式的一种反动，

"社会—国家"范式有意避免"西方中心论"的偏颇,但其采取的"中国中心观"取向又使其研究过于偏向内部视角而忽视外部因素与影响。"社会—国家"范式对中国近代不同社会力量之间的关系及与国家之间的互动所做的考察和研究,揭示了中国社会内部的活力、多样性和独特性,以及中国内部历史的连续性,体现了"中国中心观"取向的优点。但中国近代社会各领域的演变及与国家之间的互动,无不深受外部的冲击和影响,仅从中国内部探讨中国近代社会与国家的演变历程及独特性是有其局限的。

其次,"社会—国家"范式表现出来的"社会"与"国家"二元对立倾向,严重影响了其研究深度及对近代中国历史的认识和把握。这具体表现在以下两个方面:一是在国家与社会关系的研究中,受西方市民社会理论影响,一般都比较突出社会力量的正面作用和意义,对社会力量谋取独立性、自主权的活动一般都予积极评价,而对国家加强社会控制的行为一般多持负面态度,在"社会"与"国家"之间存在明显价值取向。二是与此相关,在研究中国近代社会与国家的互动时更加偏向于社会史研究,而比较忽视政治史研究,没有将社会史研究与政治史研究很好地加以结合,"似乎认为社会史研究是不'讲政治'的"。其实,在国家与社会的关系上,我们既要破除国家和政府的神话,同时也需要破除"市民社会"的神话,应该秉持一种理性的辩证统一的观点和态度。在社会史与政治史两者之间，我们亦不能重社会、轻政治，须知两者也是有机统一的关系，不是互相排斥的。

再者，"社会—国家"范式引入西方政治学"市民社会""公共领域"理论，更是有悖最初之本意，走入偏锋。"市民社会"和"公共领域"是基于近代西方历史经验而抽象出来的概念。"市民社会"指的是16世纪以来随着市场扩张和个性解放，欧洲国家出现的与国家相对或者说独立于国家之外的社会综合体。所谓"公共领域"，它与"市民社会"息息相关，指的是市民社会为对抗武断的、压迫性的国家权力，维护公共利益，进行交流、讨论、不受官方干预的公共沟通场所，诸如俱乐部、沙龙、通讯社、出版社、新闻社、杂志社等非官方机构，"使得公众能够对国家活动实施民主控制"。将这些基于西方历史经验的"市民社会"和"公共领域"运用到对近代中国历史的分析上，不但将近代中国的广大农村社会排除在研究视野之外，还势必以西方历史模式作为认知和评价中国历史的依据，重蹈西方中心主义之覆辙，不是削足适履，便是郢书燕说。正是鉴于认识到西方"市民社会"理论运用到近代中国历史的不适，有学者建议以更为中性的"第三领域"取而代之。

最后需要指出的是，"社会—国家"作为一种理论分析框架，如同其他范式一样，一方面对中国近代史研究产生了一些积极作用，但同时随着这一范式的研究臻于成熟，也带来负面影响，导致研究的趋同和模式化，许多运用这一范式的研究成果不但选题类同，观点也很相近，缺少了"社会—国家"范式最初的学术创新性。还有一些社会史研究则在注重微观研究的同时忽视对一些宏观问题的关怀，趋于碎片化。

五、结语

要而言之，上述每一种范式或理论的推出都有其特定的时代背景和学术渊源，都为研究近代中国历史提供了一种新的分析工具和视角，都从不同方面丰富和深化了中国近代史研究，并带来历史叙事的变革。但另一方面，作为一种分析工具，这些范式和理论都有其局限性和封闭性，都不足以反映近代中国历史全貌。因此，对于中国近代史研究中的各种范式和理论，我们既要肯定和尊重其学术价值和贡献，又不能不顾中国近代历史的实际情况，盲目套用，人云亦云，丧失研究主体性，而应以马克思唯物史观为指导，破除革命史范式与现代化范式、"冲击—回应"范式与"中国中心观"、传统与现代、社会与国家之间的二元对立，不被既往任何一种范式所囿，兼收并蓄，构建一个更具科学性、完整性和主体性的中国近代史学科体系、学术体系和话语体系，在研究内容、研究方法和历史认识上超越既往任何一种研究范式，最大程度回归历史，揭示历史真相。这是时代赋予当代中国学者的一个学术使命，也是我们未来的努力方向。

晚清政治史研究的回顾与展望

一、新中国成立以前的晚清政治史研究

晚清政治史起于1840年的鸦片战争，迄于1912年2月12日清帝逊位，既从属于断代史清史学科，也从属于中国近代史学科。大致说来，从属于中国近代史学科的晚清政治史主要从革命史角度，或从现代化史角度，探讨和揭示晚清70年间中国人民的反帝反封建斗争或寻求近代化的历程。从属于断代史清史学科的晚清政治史，则偏重于研究清朝统治阶级为维护其自身统治而采取的各种对策和活动，以及这一时期的官民、官绅关系，民族关系和中外关系，统治集团内部的政治派系和权

---

*　此文为《当代中国晚清政治史研究（1949—2019）》（中国社会科学出版社2019年版）序文与《晚清政治史研究70年回眸与展望》(《史林》2019年第4期）的拆拼。

力斗争，新兴政治力量的兴起，法律和军事，边疆治理等，回答清朝统治何以由盛转衰，有着极为丰富的内容。

晚清政治史研究并不始于1949年新中国成立之后，而是始于晚清。晚清时期，每有重大政治事件发生，即有时人进行记载或论述。例如，魏源的《道光洋艘征抚记》、梁廷枏的《夷氛闻记》、夏燮的《中西纪事》，便是当时人研究第一次鸦片战争的著作；张德坚的《贼情汇纂》、杜文澜的《平定粤寇纪略》、李滨的《中兴别记》、王闿运的《湘军志》、王定安的《湘军记》以及清朝官修的《剿平粤匪方略》等，为时人研究太平天国农民战争的著作；姚锡光的《东方兵事纪略》、易顺鼎的《盾墨拾余》、洪弃父的《台湾战纪》等，为时人研究中日甲午战争的著作；劳乃宣的《义和拳教门源流考》、支碧湖的《续义和拳教门源流考》、吕海寰的《庚子海外纪事》等，为时人研究义和团运动和庚子事变的著作。这些时人著述虽然有其局限性，但他们无疑是晚清政治史研究学术史的一个重要组成部分，有些著述迄今仍是相关研究领域的重要参考资料。

1912年清朝灭亡之后，晚清政治史开始被纳入断代史清史和中国近代史两个学科之下。这一时期通论性的清史著作和中国近代史著作涉及晚清部分，讲的主要就是政治史的内容，并形成几个不同流派。

清史学科体系下的晚清政治史研究大致可分三个流派。一派为清朝遗老派，以《清史稿》为代表。他们站在逊清的立场上，于1914年开始编纂，借修史报答先朝皇恩，在内容选择和措辞上多方为清朝歌功颂德，如在撰修过程中，对于清朝统治者的残暴行径，以及有损清室帝王尊严、后妃名誉的事件，或避而不谈，或轻描淡写；而在忠义、列女等传的安排上，则不惜篇幅，褒扬铺张；在撰修帝纪中，对清朝皇帝也多溢美之词，"至勤""至明""至仁"等词处处可见，并不惜违背传统断代史修史体例，为许多生于清而死于民国的忠于清朝的遗民立传。另一方面，《清史稿》对清代的反清革命活动则尽量少写，甚至不写，如对兴中会、同盟会的建立，民报的出版以及孙中山领导的许多次武装起义，《清史稿》全都没有记载；孙中山作为推翻清朝统治的领袖，《清史稿》仅在光绪三十年（1904）五月慈禧太后下旨赦免戊戌党人时一见其名，将他与康、梁一道列入大逆不赦之人。同样，对于存在14年之久的太平天国政权，《清史稿》也不按传统修史惯例，设《载记》以记其事，仅以设《洪秀全传》草率应付。并且，凡是记载反清活动，《清史稿》都以"倡乱""谋乱""谋逆"等词称之，等等。《清史稿》这种"内清而外民国"的修纂立场，直接反映逊清遗民对民国正统地位的拒斥心理，结果于1929年12月遭南京国民政府封禁。

另一派为民族革命派，以许国英、汪荣宝合撰和合编的《清史讲义》（1913年初版）和《清鉴易知录》（1917年），刘法曾的《清史纂要》（1914年），黄鸿寿编《清史纪事本末》

(1915年初版),陈怀的《清史要略》(1931年),萧一山的《清代通史》上、中、下册(1923年、1928年、1934年)等为代表。这一派的学者与清朝遗老派相对立,他们秉承民族革命史观,奉民国为正统,将清朝统治看作异族统治多加抨击和批判,认为有清一代的历史,是"清军入据中原统治中国的历史",同时也是"以汉族为主的中国民族革命的历史",清朝的灭亡都由民族压迫和专制统治所致,对清代的反清革命活动都做正面论述和评价。

第三派为学术派,以孟森的《清史讲义》(成书于20世纪30年代,1947年初版)为代表。这一派学者主张清史研究应秉持客观的学术态度,既痛斥清朝遗老编纂《清史稿》存在隐讳涂饰之病,表示"此非学人治历史者之本怀"(孟森:《清朝前纪·叙言》,中华书局,2008年版,第1页);也严厉批评民族革命史观"承革命时期之态度,对清或作仇敌之词","乃军旅之事,非问之事",是"浅学之士"之所为,不符合修史任务,表示"史学上之清史,自当占中国累朝史中较盛之一朝,不应故为贬抑,自失学者态度","若已认为应代修史,即认为现代所继承之前代。尊重现代,必并不厌薄于所继承之前代,而后觉承统之有自。清一代武功文治,幅员人材,皆有可观。明初代元,以胡俗为厌。天下既定,即表彰元世祖之治,惜其子孙不能遵守。后代于前代,评量政治之得失以为法戒,乃所以为史学"(孟森:《清史讲义》,浙江人民出版社1998年版,第 4 页）。主张清史研究应以传信存真、"列清史为学科之意"为宗旨。此一学派的学术研究，后来多被国内清史学界所继承。

在近代史学界，通论性的晚清政治史研究要稍晚，虽然始于 20 世纪 20 年代，但主要盛行于三四十年代，并形成两个影响深远的学派。一派为资产阶级学者，以陈恭禄的《中国近代史》上下两册（1935 年初版，后又多次再版）和蒋廷黻的《中国近代史》（1938 年初版）为代表，构建起晚清史研究的现代化叙事模式。他们认为 1840 年鸦片战争之后中国历史的主题是近代化，即中国如何借鉴西方现代思想、技术和制度，走出中世纪，建立近代民族国家，实现近代化的过程。并且，他们接受西方资产阶级学者的"冲击—回应"模式，认为中国近代化的最大障碍是中国的各种"民族惰性"和落后的传统。因此，他们在看待晚清中国与列强关系上，强调帝国主义列强对中国冲击所产生的积极作用，将帝国主义列强与中国的关系看作进步与落后的关系，看作两种不同文化、不同制度、不同文明的冲突，因而对中国人民的反侵略斗争持消极或否定评价。对于晚清中国内政，他们认为改良道路比较符合推进中国近代化和建立民族国家的目标，因此，对晚清洋务运动和洋务派、戊戌变法和维新派、清末新政和清廷改革派、立宪运动和立宪派，大体做正面论述。同时，站在资产阶级和民国的立场上，他们也肯定辛亥革命的积极意义。但另一方面，他们认为农民起义不符合近代化和民族建国目标，因此，对晚清历史上的太平天国农民起义和义和团运动，多加否定。

另一派是马克思主义学者，以李鼎声的《中国近代史》、范文澜的《中国近代史》上编第一分册和胡绳的《帝国主义与中国政治》为代表，构建起晚清史研究的革命叙事模式。这一派学者认为，1840年鸦片战争之后的近代中国历史是"帝国主义和中国封建主义相结合，把中国变成半殖民地和殖民地的过程，也就是中国人民反抗帝国主义及其走狗的过程"。因此，反帝反封建才是中国近代历史主题。根据这一认识，他们在看待晚清中国与列强关系上，着重揭露列强对中国的侵略和给中国社会带来的深重灾难，对中国人民的各种反侵略斗争给予充分肯定。对于晚清中国内政，他们推崇革命，不但批判清朝统治阶级阻碍历史进步，也批判晚清各种改良主义道路不符合历史发展方向。

需要指出的是，在民国时期，虽然清史学界和近代史学界都将晚清政治史纳入研究对象，但晚清政治史在这两个学科中的地位还是有所不同的。比较而言，近代史学界对晚清政治史的重视和研究深度及影响要高于清史学界。对于近代史学界而言，民国时期的历史只有二三十年，因此，晚清政治史自然就成了近代史的主体，他们撰写的中国近代史著作，无不以晚清七十年为主要内容，民国部分远不及晚清部分。以陈恭禄的《中国近代史》来说，该著共分19篇，前15篇讲的都是晚清史部分内容，涉及民国时期仅为第16—18篇三篇，第19篇为史料评论。同样，李鼎声的《中国近代史》也以晚清历史为主，占了13章，最后5章为民国时期历史。而对于清史学界而言，晚清70年只占清代历史的四分之一，并且，受资料条件和学术积累及政治等各种因素的影响，清史学界的研究重心和学术贡献主要集中在清前期和中期史，对晚清政治史的研究则显薄弱。以著名清史专家孟森的《清史讲义》来说，讲的主要是清前、中期历史，晚清部分只讲到咸同年间，止于清政府镇压太平天国和捻军起义。即使是萧一山的三卷本《清代通史》，在1949年之前也只出版上、中两卷，下卷只是以讲稿形式发行，并且涉及晚清历史同样力有不逮，当时也只写到太平天国为止。

总之，在中国近代史学科中，晚清政治史处于"虎头"地位，民国部分处于"蛇尾"位置。相反，在清史学科中，处于"虎头"地位的是清前、中期历史，晚清历史则处于"蛇尾"位置。这就是新中国成立之前，晚清政治史研究在中国近代史和清史两个学科中的基本状况。1949年新中国成立之后，晚清政治史研究虽然进入一个新的发展阶段，但若加对照，无论是在中国近代史学科，还是在清史学科，学术的连续性始终依稀可见。

二、新中国成立以来的晚清政治史研究

新中国成立以来，经过学界70年的共同努力，晚清政治

史研究取得了辉煌成就，以下就晚清十大政治事件史的研究和讨论的问题扼要做一介绍。

（一）关于鸦片战争史研究。1840—1842年的鸦片战争既是19世纪世界日不落帝国英国对古老中国发动的一次侵略战争，也是中国近代史的开端。围绕这次战争，主要做了以下几方面的研究：其一，对鸦片战争前的中国社会经济状况、中西贸易状况以及清政府在鸦片战争之前是否实行闭关政策以及如何看待闭关政策等问题，进行了多角度、不同层次的探讨。其二，考察了鸦片战争前后中英之间的冲突和交涉以及战后中外条约的签订过程，从中揭示鸦片战争既是一场侵略与反侵略战争，同时也存在两种不同文明制度的冲突，以及近代中外不平等关系的确立。其三，从军事史角度，对鸦片战争中的定海之战、厦门之战、虎门之战和吴淞之战中英双方的战略战术、武器装备、筑城技术、训练水平和军队素质及伤亡情况进行比较研究，从中揭示中国的失败不只在于清政府的腐败及一些清军将领和官员的投降卖国、临阵脱逃，也在于清朝军事的落后。其四，就鸦片战争期间清朝统治阶级内部是否存在严禁派与弛禁派、主战派和主和派之分及其评价问题进行了深入的讨论。最后，关于鸦片战争性质问题，尽管有少数学者将这场战争看作中国传统朝贡贸易体系与近代条约通商体系之间的一场冲突，因此是一场"通商战争"，但学界主流观点还是认为这是西方资本主义国家向中国发动的一场侵略战争，起因是罪恶的鸦片贸易。

（二）关于第二次鸦片战争史研究。1856—1860年的第二次鸦片战争，不但是第一次鸦片战争的继续，而且是近代以来列强联合发动的第一次对华战争，由英、法两国联合发动。学界对这场战争的研究虽然不及第一次鸦片战争，但也就相关问题做了深入探讨。其一，围绕战争爆发的原因，就修约问题、广州入城问题、公使驻京问题、亚罗事件和马神甫事件的史实和是非曲直，分别进行了较为深入的探讨，产生了一些不同观点和看法。其二，围绕三次大沽之战，就第一次大沽之战英法联军何以取胜、第二次大沽之战爆发的原因和中方取胜的原因，以及第三次大沽之战中方失败的原因，分别进行了深入讨论，并就英法联军火烧圆明园的动因和目的以及英军和法军的不同责任问题，进行了考辨。其三，对美国和俄国在第二次鸦片战争中的侵略活动及英、法两国的不同角色和相互关系分别做了考察，并探讨了这场战争对中西关系及清朝政局及东亚国际关系的影响。其四，对清朝统治阶级内部的主和派与主战派和清政府制夷政策，以及咸丰皇帝、奕訢、僧格林沁等清朝统治者在鸦片战争中的态度和反应，分别做了重新考察和评价，不再简单地将主和与主战看作投降卖国与爱国之分，批评清政府采取的抚剿兼施、用民剿夷和以夷制夷等一系列"制夷"方略的落后性。

（三）关于太平天国史研究。1851—1864年的太平天国革命是晚清历史上一次最大的农民战争，学界对这场战争研究的成果十分丰富，并就许多问题进行了学术讨论。其中，关于太平天国革命的性质，学界有各种说法，有的认为是反满革命，有的认为是宗教革命，有的认为是"资产阶级性的农民革命"，后者的理由是：太平天国承担了反对中国封建主义压迫和反对外国资本主义侵略的双重任务，因此自然具有资产阶级民主革命性质；太平天国主张的按人口分田，鼓励工商业政策，反映了资本主义的发展要求；太平天国中的农民已不是中世纪的封建农民，"长工、忙工多半脱离了封建束缚"，业已成为雇佣劳动者，而太平天国队伍中的烧炭工人、矿工、船夫纤工、手工工人等已属于萌芽无产阶级分子，这些分化了的农民具有资产阶级民主派的性质。但主流观点仍认为太平天国为"农民革命"或"农民战争"，其理由是太平天国期间封建经济仍占统治地位，社会生活中最普遍、最突出的是农民和地主的矛盾；参加太平天国运动的仍是旧式农民战争中的群众，手工业者和城市贫民一向是农民革命的成员；平分土地是农民的要求，不是市民的要求。关于太平天国政权的性质，有的认为是农民革命政权，其理由是太平天国的平等和平均思想表达了广大苦难农民的愿望，政权的反封建革命性是十分明显的；有的认为是封建政权，其理由是太平天国的政治制度基本上沿袭封建专制政权，土地制度实际实行的仍然是保护地主所有制，农民建立的政权，只能是封建性的政权；有的认为具有革命和封建两重性，或认为经历了由农民政权向封建政权转化的过程。关于太平天国政体的性质，少数学者以太平天国拜上帝教，认为是西方中世纪的神权政治，但史学界主流观点认为太平天国的宗教是农民革命宗教，与西欧中世纪教会统治根本是两回事，太平天国政体是一个虚君制政权，天王"临朝而不理政"，实际权力在于军师，这是一种把农民民主主义和君主制独特地结合在一起的政体；或说太平天国政体应属于君主专制政体，洪秀全集最高军、政、教权于一身。学界围绕这些问题所做的讨论，都反映了太平天国农民战争与中国既往历次农民战争具有不同的历史特点。

（四）关于洋务运动史研究。1861—1895年的洋务运动又称"同光中兴"或"同光新政"，是清朝统治者发动的一场改革运动，学界着重就这场运动性质、作用和评价问题进行了广泛、持久的讨论，大致形成两派观点：一派以否定为主，认为洋务运动的目的是镇压农民起义、巩固清王朝统治，抵御外国侵略并不是其主要目的，它对刺激中国采用近代资本主义生产方式虽然客观上产生某些作用，但它只是"在联帝保封建前提下的近代化"，"只能化出一个半殖民地半封建社会，而不可能化出一个独立的资本主义社会"，因此，这是一场反动的运动，不能将洋务运动与戊戌变法和辛亥革命一道列入中国近代历史上的进步潮流。另一派则以肯定为主，认为洋务运动的目的是"师夷之长技"，既是为了维护清朝统治，也是为了抵御列强的侵略，虽然由于历史的局限，这场运动带有封建性和买办性，但它广泛引进西方先进科学技术，对中国民族资本主义的产生和发展所起的促进作用是主要的，限制作用是次要的，因此，这是一场进步的改革运动。它与太平天国农民战争、戊戌维新运动、辛亥资产阶级革命前后紧接相连，反映了近代中国人民政治觉悟迅速发展的四个不同阶段，构成近代中国历史前进的基本脉络，阻止了中国向半殖民地和殖民地方向沉沦。围绕洋务运动的性质和评价问题，学界还就洋务的军用和民用企业、官督商办政策的性质和作用问题，以及洋务派和洋务思想的评价等问题，分别做了深入具体的研究。经过多年的学术讨论，学界对洋务运动的认识逐渐趋于一致，大多肯定其是晚清历史上一场具有进步意义的近代化运动。

（五）关于中法战争史研究。1883—1885年的中法战争是近代以来中国与列强间的第三次战争，也是中法之间的第二次战争。对于这场战争，学界的研究虽然相对薄弱，但也就相关问题开展了学术讨论。其一，在相关战役研究中，就山西之战和北宁之战、基隆和淡水之战、马江之战、镇海之战、宣光和临洮之战、镇南关和谅山大捷等战况和战果，清军和法军彼此胜负的原因及其对战争的影响，分别做了考证和分析。其二，在如何评价中法之间的外交谈判问题上，对于李鸿章主持的历次谈判和所签条约，一种观点总体持否定态度，批评李鸿章与宝海、脱利古、福禄诺和巴德诺的谈判，执行的都是卖国投降路线，战争的结局与李鸿章的投降活动密不可分；另一种观点并不一概否定，既有否定，也有肯定，认为李鸿章并非始终主和，而是不同阶段有不同的态度和表现。其三，在中越关系问题上，一种观点强调中越两国人民传统的友谊关系，认为中国的抗法斗争"得到了越南人民的积极支持"；另一观点如实揭示中法战争期间越南阮氏王朝奉行对法亲善政策，采取敌视中国态度。其四，关于这场战争的性质，国内学者比较一致认为这是中国援越抗法、保家卫国的正义之战，而一些越南和国外学者受政治和意识形态的影响，将中法战争说成是中法两国为争夺越南发生的不义之战，这显然有悖学术客观性。对于这场战争的结局，一种意见认为中国在中法战争中是"不败而败"，清政府于战争后期在越南陆路东、西两线战场上分别取得打败法军的战果的情势下，乘胜即收，与法国签订和约，满足法国的侵略要求，这是清政府投降卖国政策的一个恶果；另一种意见则认为中法战争并没有失败，而是近代中外战争中唯一一次既不割地也不赔款，没有签订不平等条约的战争。

（六）关于中日甲午战争史研究。1894—1895年的甲午战争是日本对中国发动的一场侵略战争，也是改变东亚国际格局的战争。关于这场战争爆发的起因，国内学者认为有以下几种因素：（1）近代天皇制的确立与日本国内资本主义的发展，是日本挑起战争的根本原因；（2）日本长期以来奉行的大陆政策，是其武力扩张的理论根据；（3）开拓原料产地、商品销售市场和投资市场,是日本挑起战争的经济动因;(4)1890年起发生在国内的政治、经济危机,刺激日本通过发动战争转移国内矛盾;(5)清政府的妥协退让,欧美列强的怂恿、挑拨,及日本国内甚嚣尘上的战争舆论,是促成日本率先开战的直接契机。关于中国战败的原因,有的学者强调军事因素,认为武器装备的落后,缺少合格的、懂得近代战争的指挥官,国防发展战略失误、战备工作迟缓、战略谋划不善、海军使用不当、军官素质低下及国防体制陈旧、没有健全的参谋机构和后勤供应机构等,都是清政府在战争中惨败的原因;有的学者强调政治因素,认为清朝政治制度的腐朽落后是中国甲午战败的根本原因,批评清政府在甲午战争中犯有七误:一误于战前对朝鲜问题始终犹豫不决;二误于日军大举入侵朝鲜时,仍无备战决心;三误于平壤战役的用人不当和调度无方;四误于国境线上的仓促布防;五误于大连、旅顺口的迅速陷落;六误于北洋舰队困守威海;七误于不敢坚持长期抗战。此外,还就中日双方陆战和海战的部署、胜败原因,甲午战争期间的国际关系和清政府内部的帝党与后党之争,以及这场战争对中国的影响等问题,做了深入的探讨。

(七)关于戊戌变法史研究。1898年的戊戌变法既是晚清的一场政治改革运动,也是一场思想启蒙运动。对于这场政治事件的进步意义,学界一直予以正面评价,认为它是由太平天国农民战争或洋务运动向辛亥革命过渡的一个转折点,代表着时代的发展方向，是进步和爱国的，但对这场运动的性质学界仍存有争议：一派认为戊戌变法是一场资产阶级改良主义运动，其理由是戊戌变法的领导人都是从地主官员转化为资产阶级的代表者，他们虽然主张在政治上进行资产阶级性质的一些改革，却不触及封建统治阶级的政治基础，形式上基本采取和平的、自上而下的方式进行逐渐变革；另一派反对给戊戌变法冠以"改良主义"称呼，认为改良主义是19世纪西方社会主义运动中"一种很不光彩的政治思想和政治流派"，用这个概念硬套戊戌变法和维新派不妥，戊戌变法实质上是新兴资产阶级和封建顽固势力之间的阶级斗争，要把半殖民地半封建的中国，变为独立的、民主的、资本主义的中国，具有明显的反封建主义性质，绝非改良主义。有的认为即使称其为改良主义，也丝毫不损害其进步作用。对于以康有为、梁启超为代表的维新派在戊戌变法中的作用，一派充分肯定其所起的作用，认为康有为在变法中有举足轻重的地位，康的奏议成为变法上谕的张本，他本人更是左右朝政达百日之久；另一派反对将康有为看作戊戌变法的核心人物，指出康有为在清政府中的地位不足以也不可能扮演这样一个角色，有关康有为与戊戌变法的紧密关系很大程度为戊戌变法失败后康、梁的有意渲染，有的甚至认为康、梁的激进主张和举动应为戊戌变法的失败负责。

（八）关于义和团运动史研究。关于这场运动的性质，国内学者比较一致肯定其为反帝爱国运动,但对这场运动是否具有反封建性质,则存在严重分歧。一派学者认为义和团运动不具有反封建性质,指出义和团从来没有提出过明确的反封建纲领,没有触动封建制度一根毫毛;不但如此,义和团还打出"扶清"口号,与清朝统治阶级内部的顽固派沆瀣一气,拥护清朝统治,是一场"奉旨造反"运动;义和团所发生的抗官事件属于开展"灭洋反教"而被迫自卫性质,不是出于主动对抗官军、反对官府。另一派学者认为义和团运动具有反封建性质,其理由是:(1)不能以推翻封建统治、变革封建制度、改变封建生产方式作为判断义和团是否反封建的标准,这是资产阶级革命反封建标准。(2)义和团的组织源流为反清的秘密结社和秘密宗教,它的基本群众为广大农民,同时拥有大量的饥民和流民。(3)义和团所进行的抗租、抗粮斗争,以及与官府和官军展开的浴血战斗,均说明其是一场农民阶级自发的反封建斗争。(4)义和团的"扶清"口号含有保中国之意,是为"灭洋"服务的,反映了当时民族矛盾的激化,不能简单理解为拥护和维护清朝统治,义和团不是一场"奉旨造反"运动。对于义和团所表现出来的封建迷信和盲目排外等落后一面,国内学者也存在两种不同评价。一派学者持尖锐批判和完全否定态度,批评义和团依赖神仙符咒同帝国主义作斗争,这是一种"封建蒙昧主义",批评义和团幻想用小农业与家庭手工业相结合的自然经济去抵制资本主义生产方式和近代科学技术,不但不是革命、不是历史的进步，而且具有反动性。但主流观点还是对义和团的弱点持同情理解态度，反对将义和团的宗教迷信简单斥为"封建蒙昧主义"加以彻底否定，也反对将义和团的笼统排外全然看作农民的蒙昧落后和排斥先进生产方式加以斥责，指出这是当时中国人为回击帝国主义侵略所能产生的原始反抗形式，是一种保卫家园的斗争手段，是一种正义的反抗，是"符合中国人民的根本利益的"，是"一种原始的民族革命思想"，"都是农民小生产者的革命思想"，不应看作是历史的反动和倒退。此外，学界还就义和团的组织源流和兴起原因及其影响等问题做了深入的讨论。

（九）关于清末新政史研究。1901—1911年的清末新政是继洋务运动和戊戌变法之后，清政府发动的第三次也是最后一次改革运动。关于这场改革运动的性质和历史地位，学界的认识有一个转变过程。直至20世纪80年代初，学界多从革命史观出发，持否定评价，认为新政是"假维新，伪变法"，是19世纪60年代开始的洋务运动的"翻版"或"老调重弹"，具有封建性和买办性，是清政府"进一步买办化的标志"，是清政府在镇压义和团运动之后为防止和镇压新的革命运动而采取的反动措施，不但不可能导致国家的独立和富强，也无补于民族资本主义的发展和社会的进步，或曰是以"慈禧太后为首的守旧地主官僚"主导的"一次自救与变革事件"，等等。但80年代之后，国内愈来愈多的学者倾向认为新政是一场具有资本主义性质的改革，或认为这是一场比较全面的近代化运动，是中国现代化历史上一个重要的发展时期和阶段，指出经过历时十年的"新政"，近代中国社会经济、军事、教育、政治等领域的改革规模与力度均是空前的，较之所谓"同光新政"和戊戌变法，都有明显进展。

对于新政何以未能挽救清王朝，最终随清朝的覆灭而遭失败，国内学者也从不同角度进行了诠释。有的认为是受了清末中国士绅知识分子中普遍存在的以"制度决定论"为基础的激进主义思想和行为的影响，清末出现的权威危机的挑战，以及随着改革推进而出现的诸如地方主义的离心力量的形成、政治的腐败、利益集团的冲突、财政危机等"改革综合征"的影响；有的认为清末推行新政过程中的民族矛盾、政治参与的迅速扩大与清政府的错误对策、中央与地方的冲突及改革者的素质等，均是导致新政失败并走向反面的深层因素；有的认为清末新政之所以未能挽救清王朝，原因在于新政改革恶化了官民矛盾、统治阶级集团内部矛盾及清政府与民间立宪派之间的矛盾，严重削弱了清朝统治基础，同时也是由于新政本身具有颠覆清朝统治的内在动力。以上诸说都有一定道理，彼此并不矛盾。新政的失败，显然是多种原因综合所致。

（十）关于辛亥革命史研究。1911—1912年的辛亥革命是晚清政治史上一件具有划时代意义的历史事件。它不但推翻了清朝的统治，而且结束了沿袭两千余年的君主专制制度，在中国和亚洲历史上创建了第一个民主共和国家。对于这场革命的性质,国内学者一致肯定其是一场资产阶级性质的革命,但在对其历史作用的评价上,仍存在分歧,并出现两种不同评价体系:一种为传统革命史评价体系;一种为现代化史评价体系。在革命史评价体系下,国内学者对辛亥革命基本采取两分法评价,一方面充分肯定它是中国近代史上一场具有比较完全意义的资产阶级革命,具有反帝反封建性质,并将中国共产党人领导的新民主主义革命看作辛亥革命的继续和发展,同时又站在无产阶级高度,认为辛亥革命存在软弱性,不够彻底。根据现代化史的评价标准,一派学者仍肯定辛亥革命对推动中国现代化具有积极意义,认为辛亥革命不仅为中国的政治现代化开创了一个新的阶段,而且对中国的经济现代化进行了强有力的政策推动,并在思想的启蒙和观念的现代化方面做出了巨大的历史贡献。但另一派学者则强调辛亥革命对中国现代化所产生的消极影响及后果,基本持否定评价,认为辛亥革命的客观效果与主观意图之间存在严重背离,辛亥革命破除旧权威是胜利的、成功的,但建立的新权威未获成功,造成政治稳定性的丧失,打断了清末新政所开启的近代化的进程,致使中国的现代化一再被延误;有些学者甚至因此批评辛亥革命"搞糟了,是激进主义的结果",是近代中国历史的一个"悲剧",明确提出要"告别革命",强调立宪派的改良或"调适"主张是中国现代化道路的一个更好选择。这一派学者的观点将辛亥革命与中国的现代化完全对立起来,否定辛亥革命对中国现代化的积极意义,显然不是基于对当时历史进行实事求是的考察和分析,而是基于主观的逻辑推理,是历史虚无主义的一种表现,是不可取的。

三、对于晚清政治史研究的五点期待

纵观新中国成立以来 70 年光辉历程,晚清政治史一直是史学界的一门显学,业已取得辉煌成就。回顾过去,展望未来,兹对国内晚清政治史研究提出以下五点期待,以与学界共勉。

(一)提升史学研究与理论的有机统一。在既往国内晚清政治史研究中出现许多学术争鸣,这是一个可喜现象,反映了晚清政治史研究的学术繁荣。但另一方面值得注意的是,许多的学术争鸣不是在史料和史实问题上出现分歧,而是在涉及历史人物和历史事件评价和定性上产生不同意见和看法。换言之,是在立场、历史观和方法论上出了问题,是在如何运用马克思历史唯物主义分析历史上出了问题,各说各话。这方面的学术争鸣固然有其一定的学术意义和价值,但也存在虚假繁荣之虞,有些纯粹是伪问题,不只是学术资源和学术精力的一种浪费,而且造成思想混乱,传播了一些错误的历史观。因此,在晚清政治史研究中有必要进一步加强马克思主义理论的学习，促进史学研究与理论的有机统一。

（二）坚持学术与政治、历史与现实的有机统一。由于晚清政治与今天的中国历史有着密切关联，晚清政治史的研究也因此一直深受政治和现实的影响。在如何对待这个问题上，国内学界曾出现过一些差错，走过一段弯路，特别是十年"文化大革命"期间的"影射史学"，给学界留下深刻教训。但由此将学术研究与政治和现实完全对立起来，这显然也不是一种科学的实事求是的态度。一则，晚清政治与今天中国历史存在连续性和非连续性，这是一个不可回避的历史事实。再则，历史研究作为一门社会科学，要做到学术与政治和现实完全分离，既无可能，也不可取。须知每位历史学者都不是生活在一个真空的世界里，而是特定时代和特定社会关系下的个体，并以某种理论和方法指导自己的学术研究；而史学研究的一个重要使命或功能就在于揭示历史真相，为今天的社会指点迷津，也就是司马迁所说的"究天人之际，通古今之变"。因此，在晚清政治史研究中，我们应坚持学术与政治、历史与现实的有机统一，两者之间是不相矛盾的，诚如恩格斯所说："科学愈是毫无顾忌和大公无私，它就愈加符合于工人的利益和愿望。"

（三）正确看待晚清政治史研究范式。由于晚清政治史研究较诸古代史具有更强的现实感和政治敏感性，国内的晚清政治史研究出现过不同的研究范式，诸如逊清派与民族革命派、革命史范式与现代化范式、"冲击—回应"范式与"中国中心论"、"社会—国家"范式与市民社会理论、清史学派和"新清史"学派、后现代主义史学派等等。这些范式或理论固然为晚清政治史研究提供了一种新的分析工具,具有较强的问题意识和导向,对丰富和深化我们的历史研究具有一定的借鉴意义,但另一方面,作为一种分析工具,这些范式和理论也存在将晚清历史简单化和片面化、削足适履的弊端或局限,甚至带有明显意识形态色彩,代表了西方学者或民国年间学者的立场,各有其产生的时代和学术背景。对此,我们必须加以警惕,在坚持马克思历史唯物主义和辩证法的前提下,批判地加以吸收,不能捡了芝麻丢了西瓜。

（四）进一步加强史料的挖掘、考辨和利用。史料是史学的基础,国内晚清政治史研究一方面继承了中国传统史学的优良传统,十分重视史料的挖掘和利用,并取得丰硕成果。但另一方面学界在史料的利用方面还存在一些不足。一个比较突出的问题是,一些学者的研究不是建立在详细占有史料的基础上,既没有对史料加以分类,不明不同类型的史料具有不同的价值,也不对史料的内容加以考辨,就信手拈来,信以为史,引以为据。更有甚者,为了标新立异,置大量的历史事实于不顾,以个别的史料记载进行所谓的历史翻案,甚至对史料进行臆想和"戏说",以博眼球。此外,我们的学术研究还存在滞后于史料出版的现象,有些重要新史料整理出版了,但长期很少加以利用。这些现象虽然不具有普遍性，但它们确乎存在，反映了学术的浮躁之风，须引以为戒。并且，鉴于晚清史料比中国历朝史料都来得丰富，这就要求我们在研究中须更加注重史料的分类和考辨，做到博求而择善。

（五）重建一个独立的晚清政治史学科。如前所述，新中国成立之前，晚清政治史归属于清史和中国近代史两个不同学科；新中国成立之后，晚清政治史长期归属于中国近代史学科，尽管在20世纪90年代特别是进入21世纪之后，随着政治事件史研究臻于成熟，晚清政治史开始突破中国近代史学科范畴，呈现出多元特色，并表现出回归清史学科趋势，但另一方面也呈现出碎片化现象，未能重建起一个新的独立的晚清政治史学科体系。尽管清史学科和中国近代史学科下的晚清政治史两者之间存在重合之处，但它们的研究重心和出发点还是有很大区别的。清史的研究任务和目标是要阐明清朝从崛起到发展、鼎盛时期，再到衰败和灭亡的过程；而中国近代史的主题则是反帝反封建和近代化。对于晚清政治史研究来说，两者之间的隔阂和局限，都是显而易见的。前者不足以反映晚清政治史的丰富内容，揭示晚清政治与清朝前中期政治的根本不同之处，遗漏掉许多中国近代史学科应有的研究内容；后者不足以揭示晚清由盛转衰直至灭亡的历史，造成与清朝前中期的政治史研究的脱节和断裂，遗漏掉许多清史学科应有的研究内容。因此，在晚清政治史研究走过百余年历程之后，如何在前辈研究的基础上,吸收两个学科之长,建立一个与清史和近代史两个学科既有联系又有区别的独立的晚清政治史学科,这应是学界未来一个总的努力方向。

关于辛亥革命性质与历史评价问题的学术回顾 *

1911年的辛亥革命是中国近代史上一个具有划时代意义的重大事件,它不仅宣告了清朝的灭亡,同时也标志延续两千多年的君主专制制度的终结,在亚洲历史上创建了第一个民主共和国家,不但打开了近代中国进步的闸门,而且具有深远的世界意义。为了加深对辛亥革命历史地位和意义的认识,本文就新中国成立以来国内学界围绕辛亥革命性质和历史评价问题所做的学术探讨,做一扼要回顾。

一、关于辛亥革命性质问题的讨论

关于辛亥革命的性质,自新中国成立以来,国内主流观点

---

* 原载《团结报》2014年10月30日。

比较一致认为其性质是一场资产阶级革命，但同时始终存在一些不同声音，认识也有一个不断深化过程。

在20世纪五六十年代，国内学界为说明辛亥革命是一场资产阶级性质的革命，曾就辛亥时期中国社会主要矛盾和中国资产阶级的形成问题分别做了较为充分的讨论。此外，当时有些学者还曾就辛亥革命的性质应该是"资产阶级革命"还是"资产阶级民主革命"有过争论，但实则这两个概念并无什么本质区别，这只是一个"伪问题"。

关于辛亥时期中国社会主要矛盾，当时大致有以下三种意见：第一种意见认为国内阶级矛盾为主要矛盾；第二种意见认为民族矛盾，即中华民族与帝国主义之间的矛盾为主要矛盾；第三种意见认为中国人民大众与帝国主义、封建主义同盟之间的矛盾为主要矛盾。以上三种意见，其实彼此并不矛盾，并无本质分歧。这种讨论，在今日已只具学术史意义。

关于中国民族资产阶级的形成时间和阶层划分问题，当时国内学者之间有以下不同观点：有的认为中国民族资产阶级形成于19世纪70年代，指出既然19世纪70年代中国资本主义经济、民族资本近代工业已经产生和存在，这就标志着中国民族资产阶级已经产生和形成了，不能以阶级力量的大小作为判断中国民族资产阶级形成的标准。有的则强调民族资产阶级的形成，须以近代民族资本企业数量上达到的一定规模作为依据，认为只是到了19世纪末商办企业数量增长较多的时候，中国民族资产阶级方才形成。有的甚至据此认为即使在19世纪末叶,"独立的民族资产阶级还没有形成",指出:"民族资本近代工业发生时期是旧社会的商人、地主、官僚通过新式企业的经营开始逐渐蜕变转化为民族资产阶级的时代。这蜕变转化的过程是复杂、曲折而缓慢的。到了19世纪末叶,这转化过程还只开始不久,距离它的完成还很远很远。"

关于中国民族资产阶级的分层,有的主张将其分为上、中、下三层:上层"一般拥有大机器工业或投资几个工业单位",中层"一般具有较小规模的机器工业,营业还不到兴盛的阶段",下层"一般为手工工场的小资本家,从企业设备和营业规模来说都远不如资产阶级上、中层"。有的主张根据民族资产阶级的来源,将其划分为上层和下层,或上层和中下层两个类别,指出:"中国民族资产阶级有两个来源:一个是从民间普通工商业者上升的,因条件困难,前进缓慢,成为资产阶级的下层,在表现新社会发展的趋向上比后一个较为强烈些;一个是从地主官僚和一部分商人转化的,因政治条件较好,资金较大,得较快的发展,成为资产阶级的上层或实力派,在表现新社会发展的趋向上比前一个更软弱些。"

20世纪80年代初,学界再次就辛亥革命性质问题展开比较集中的讨论。这次的讨论系由海外学者的质疑所引发。海外学者以20世纪初资本主义在中国的发展还不足以产生一场名副其实的资产阶级革命,以及资产阶级并没有参加和领导革命等为理由，否认辛亥革命是一场资产阶级性质的革命，或说辛亥革命是一场国内民族革命，或说辛亥革命是一场全民革命，或说辛亥革命是一场士绅或精英运动，或说辛亥革命是一场"假革命""伪装的革命"，等等。对此，国内学者坚持认为辛亥革命是一场资产阶级革命，并从学理和史实两方面做了论证。刘大年在1981年人民出版社出版的《赤门谈史录》一书中就"为什么说辛亥革命是一场资产阶级革命"做了较为系统的、具有代表性的阐述，提出四条理由和根据：（1）辛亥革命发生时中国资本主义经济已初步成长，资产阶级尽管很幼稚，但它已经成长为一支新兴的、成熟的力量，足以使自己扮演发动和领导一场革命的角色。（2）辛亥革命的领导者已完全不同于农民战争领导人物，主要为资产阶级和小资产阶级知识分子，他们最善于反映那个阶级和时代的要求。（3）革命的领导者提出了明确的资产阶级纲领，"他们以西方资产阶级的革命历史和革命学说为依据，反对清王朝的专制统治；照搬西方资产阶级的革命口号，以号召群众。他们的纲领、口号充分反映了资产阶级在政治上、经济上的要求和利益"。（4）在辛亥革命中资产阶级的领导与农民群众反封建斗争相结合，并由农民充当革命主力军，这是世界上资产阶级革命的一个通例。

　　章开沅在与台湾学者张玉法的辩论中，除了阐述与刘大年相近的观点，还特别将辛亥革命与西方资产阶级革命进行比较，认为辛亥革命时期中国不但确实形成了一个作为新兴集团的民族资产阶级,而且当时中国民族资本主义的发展水平比西方尼德兰、英、法、美、德等国的早期资产阶级革命时期还要好一些。

与此同时,国内学者进一步加强了对辛亥时期资产阶级的研究,1983年和1988年先后两次专门举办"近代中国资产阶级研究"学术讨论会,并出版论文集。在中国资产阶级何时形成问题上,国内学者虽然仍有不同意见,但更多倾向于中国资产阶级形成于19世纪末20世纪初。在民族资产阶级阶层划分问题上,虽然一部分学者继续坚持60年代的观点,仍然以占有生产资料的多少和政治态度的不同作为标准,将民族资产阶级分为上层和中下层,并认为上层在政治上多偏向改良,反对革命,中层政治上同情革命,但同时具有较大的妥协性,下层在政治上最倾向革命,但更多的是提出严重质疑,指出:事实上辛亥时期民族资产阶级的上层和中下层的区分并不分明,很难划分;即使存在这种阶层的划分,也与他们的政治立场没有必然的联系,经济地位并不是决定资本家政治立场的唯一因素,事实上上层支持和参加革命者颇不乏其人,中下层反对革命者也非鲜见,那种将资产阶级不同阶层作为划分政治立场的唯一决定因素的思维方式,只是一种简单化的公式,并不符合历史实际情况。有些学者还通过进一步研究,认为辛亥时期中国民族资产阶级的政治立场实际上与其构成有着密切关系,更多反映了商业资产阶级特点。可以说,这一时期国内学者对中国资产阶级的研究较诸五六十年代有了重大进步。

在经过80年代的大讨论之后,尽管国内仍有学者继续提出各种"新说",诸如"国内民族革命运动"说、"王朝更替"说、"民主共和革命"说等等,但他们所持的理由或基本上与此前否定辛亥革命是资产阶级革命的海外学者相似,或与资产阶级革命说并无本质区别,只是表达有所不同而已,均不具新意,因此,这些"新说"既没有在学界产生影响,也不被学界接受。

二、关于辛亥革命历史评价问题的争论

相对于辛亥革命性质问题的讨论,国内学界关于辛亥革命历史评价问题的争论虽然表面看来并不那么彰显,但实则更尖锐、更具挑战性。国内对辛亥革命的评价,大致说来有两种不同评价体系:一种为传统革命史评价体系,一种为现代化史评价体系。

在革命史评价体系下,国内学者基本从阶级分析立场出发,对辛亥革命进行两分法评价,一方面充分肯定它是中国近代史上一场比较具有完全意义的资产阶级革命,具有反帝反封建性质,并将中国共产党人领导的新民主主义革命看作是辛亥革命的继续和发展,同时又站在无产阶级高度,认为辛亥革命存在软弱性,不够彻底。如陈旭麓在1955年所著《辛亥革命》

一书最后对辛亥革命的意义做了如下总结：首先，指出辛亥革命的意义使明末遗民、天地会、太平天国以来的反清斗争得到了结果，不但推翻了清朝统治，而且使两千余年来古老的封建专制制度从此结束。其次，辛亥革命不仅在政治上是资产阶级的民主革命，而且在经济上为资本主义的发展带来了一些有利因素。再次，辛亥革命所进行的民主革命，对于支持旧制度的帝国主义也是一个打击。但另一方面，他批评辛亥革命因为存在的种种局限，结果并没有完成中国民主革命的反帝反封建两大任务，最终仍归于失败，指出辛亥革命的失败证明软弱的资产阶级不能领导中国革命获得成功，只有在中国共产党的领导下，才有可能使中国民主革命获得彻底胜利。尽管后来国内学者对辛亥革命的研究多有深入和发展，对辛亥革命的意义也多有阐发，但在革命史评价体系下，国内学者对辛亥革命意义的认识基本一致，并没有太多争论或异议。

20世纪80年代，特别是进入90年代之后，现代化史评价体系则为国内学界评价辛亥革命提供了一个新的视角和认识。根据现代化史的评价标准，国内学者对辛亥革命出现两种不同的评价。

一派学者仍肯定辛亥革命对推动中国现代化具有积极意义，表示绝不能低估这场革命对于中国现代化的促进作用，指出"它不仅迈出了中国政治从专制向民主转化的重要一步，为中国的政治现代化开创了一个新的阶段，而且对中国的经济现代化进行了强有力的政策推动,并在思想的启蒙和观念的现代化方面做出了巨大的历史贡献"。有的学者甚至认为辛亥革命真正实现了对中国早期现代化的启动,指出"不仅是因为辛亥革命推翻了清王朝,建立了中华民国,实现了国家的资本主义民主制度变革和领导权力现代性转移,而且因为辛亥革命有一个为之奋斗的中国第一个资本主义现代化发展纲领——三民主义,选择了在当时历史条件下唯一行之有效的方法——暴力革命,形成了最为广泛的启动早期现代化的社会动员和资源整合,即社会支持系统。尽管辛亥革命对早期现代化的启动程度是有限的,但却是有效的,它使中国现代化形成了进入启动阶段的基本条件"。还有不少学者特别强调辛亥革命对中国政治现代化所起的推进作用,指出辛亥革命用暴力推翻了清政府的专制统治从而为中国政治现代化扫清了道路,它不仅宣告了封建君主专制统治时代的结束,同时还确立了民主共和政体,为中国政治现代化开创了一个崭新的局面,完成了国家政权由传统封建政治制度向现代民主政治制度的转变,实现了"从'朝代国家'到'共和国家'"的转变,并对中国政治思想观念产生深远影响,促进了民主共和思想深入民心和现代国家观念的初步形成及自我实现意识的萌生,等等。

另一派学者则强调辛亥革命对中国现代化所产生的消极影响及后果,对其基本持否定评价。如有学者认为,辛亥革命虽然顺理成章地结束了清王朝的统治,但它并未能阻止政治衰败的进程；相反，由于革命后权威危机的出现及应对措施的失败，这一衰败进程进一步加速，几达于政治分裂和社会解体的程度，20世纪初，中国现代化的基本条件因之而丧失殆尽。或说辛亥革命的客观效果与主观意图之间存在严重背离，辛亥革命破除旧权威是胜利的、成功的，但建立新权威未获成功，造成政治稳定性的丧失，致使中国的现代化一再被延误。或说辛亥革命打断了清末新政所开启的近代化的进程，指出当时的清政府并非一无是处，正致力于中国的近代化建设，"辛亥革命前夕的清王朝，正在向立宪政体转化；而号称民国的政府大都是专制政权"，"辛亥革命前夕的清政府比后来军阀统治时期的政府更容易向民主、法治体制过渡"。有的则从现代化史角度，直言"辛亥革命是搞糟了，是激进主义的结果"，是近代中国历史的一个"悲剧"，明确提出要"告别革命"，"对辛亥革命的研究，应当摆脱原来的思路，不能老是毋庸置疑地一味歌颂，或老讲'太不彻底'那些话"，强调立宪派的改良或"调适"主张是中国现代化道路的一个更好选择。

  在现代化史研究范式之下，后一派学者的观点将辛亥革命与中国的现代化完全对立起来，否定辛亥革命对中国现代化的积极意义，这是缺乏历史依据的。持这一观点的主要也是一些从事思想史或一些非专门从事中国近代史研究的学者，他们的观点更多出于对现实的思考，或进行的是一种逻辑推理，而非基于对当时历史进行实事求是的考察和分析。因此，这一派学者的观点在国内学界并不占主流,国内学者对此亦多有回应和批评。最近,有学者提出将辛亥革命放在一个长时段和广阔的国际视野加以审视,既总结辛亥革命前100年的中国和世界的状况,也考察辛亥革命后100年来中国和世界的变化,并展望今后100年中国和世界的发展和人类所遇到的问题;在此宏观背景下,重新看待和评价百年前的辛亥革命和孙中山的思想和实践。此说对于我们更好认识辛亥革命的历史意义,不无一定的指导意义。

2019 年的国内中国近代史研究 *

中国近代史研究是当代中国史学的一个重要分支。在中国数千年历史长河中，近代中国历史只占 110 年，但这是一段非同寻常的历史，沧海桑田、波澜壮阔，在许多方面形塑了当代中国的走向。也正是由于近代中国历史的独特地位和重要性，自新中国成立以来，中国近代史研究一直是当代中国历史学中的一门显学，特别是近年来随着学术的繁荣和发展，常年都有不计其数的学术成果问世。为了推动中国近代史研究更好发展，每年及时对国内相关研究做一回顾和总结，这是很有必要的。

综观 2019 年度国内中国近代史研究，成果丰硕，成绩喜人。并且，需要指出的是，中国近代史研究出现的繁荣局面，

---

* 载路育松、焦兵主编：《中国历史学前沿报告（2020）》，社会科学文献出版社 2020 年 12 月，第 153—213 页。

与国家的支持密不可分。本文介绍的成果许多为国家社科基金项目，或为教育部和各科研院所、高等院校的科研项目。同时，图书资料的电子化，也为广大科研工作者提供了极大的便利。总之，就科研的物质条件来说，学术研究处于有史以来最好的时代。中国近代史研究的另一可喜现象是，青年学者茁壮成长，本文介绍的成果除一部分出自20世纪五六十年代学者之手，许多都出自20世纪七八十年代出生的青年才俊之手。当然，在肯定成绩的同时，国内的中国近代史研究也存在一些问题和挑战。

以中国近代政治史研究来说，随着传统晚清八大政治事件史研究积累了大量成果，晚清政治史研究遭遇突破瓶颈问题，研究重心出现后移，转向民国时期政治史的研究，有其一定的合理性和必然性。但另一方面，随着新理论、新方法、新视角的运用，以及大量新史料的公布，其实，即使是通过旧史料的再阅读、再利用，晚清政治史研究也远没有走到尽头，相反有许多值得拓展和深入的地方，本年度的太平天国史研究重新受到重视，就是一个明显例子。再以晚清制度史研究来说，也有必要突破单纯的制度史研究，加强与思想和人物的结合研究。国内的晚清政治史研究虽然明显突破中国近代史学科的革命史范式，呈现出回归清史学科趋势，学术成果多偏重于研究清朝政府和统治阶级，但另一方面显然又没有构建起一个新的晚清政治史学科体系，研究成果多就事论事，缺乏明显热点和方向。

并且，即使是革命史和传统政治事件史也有待重新研究、再出发。民国政治史研究虽然较诸晚清政治史研究表现出更加蓬勃的生机，但作为一个相对年轻的学科，研究水准仍有待提升，尤其有必要突破以民国政府为正统的史学研究，处理好政治与学术之间的关系，打通革命史、中共党史与狭义民国政治史之间的学术藩篱，构建一个完整的民国政治史学科体系。

以近代中外关系史研究来说，改革开放政策的深入和中外学术交流的扩大，以及大数据信息化时代的来临，为从事中外关系研究获取各种外文资料提供了极大便利，使近代中外关系史研究有可能成为中国近代史研究中的一个新的学术增长点，本年度发表的一些比较有学术分量的成果都是利用了外文档案和文献资料。但另一方面，国内的近代中外关系史研究仍存在一些短板和不足。首先，大量的手写体外文档案资料由于阅读障碍，没有得到有效利用。以西方档案和文献资料来说，在19世纪末打字机发明和利用之前，许多都是手写体。如何开发利用这些资料，是有待国内学界共同探讨和努力解决的一项学术工作。再者，近代中外关系史研究还存在许多不平衡性和盲点，诸如偏重中外交涉和中外战争研究，忽视了传统的外交政策研究；偏重中国与列强及大国关系的研究，忽视中国与周边国家关系研究（中日关系除外）；偏重中外政治、军事关系研究，忽视中外经济、文化关系研究；等等。要之，我们的近代中外关系史研究离时代和学术发展的要求，还存在一定差距。

以中国近代经济史研究来说，过去一年里国内学者发表了不少有学术分量的成果，加强了对中国近代财政史金融史的研究，开辟了一些新的研究领域，诸如关于家产、族产和产权问题的研究，呈现出偏向政治史、制度史和社会史研究的倾向和特色，这是值得肯定的一面。但另一方面，传统产业史的研究总体偏弱，存在明显不平衡性。即使在财政金融史研究中，对外债和外国在华金融史也缺少应有的关注。要之，在中国近代经济史研究中有必要加强传统经济史的研究，加强对中国近代农、工、商业史的研究，加强区域经济史的研究，毕竟它们才是中国近代经济史的主干和根基。同时，加强外国在华投资及中外贸易史的研究，毕竟它们曾对中国近代经济和社会产生重大影响，是中国近代经济史研究中不可忽略的组成部分。

以中国近代社会史研究来说，过去一年里固然继续呈现繁荣局面，尤其是出版了多部有学术分量的社会史著作，但同时也存在一些隐忧和不足。一则社会事象林林总总，极为丰富，不胜赘述，中国近代社会史研究不同程度存在碎片化趋向，这在发表的各类社会史研究论文中可见一斑。再则，受"社会—国家"研究范式的影响，社会史研究呈现出选题趋于同类化和模式化的倾向，学术观点的创新性存在弱化趋势。因此，在中国近代社会史研究中有必要加强问题意识和宏观视野，运用新理论、新方法，提升学术质量和创新性，也就成了社会史研究中的一个当务之急。

以中国近代思想史研究来说，在过去一年里除了五四新文化运动研究独占鳌头外，还加强了概念史和学术史的研究，继续开展人物思想研究，呈现出多元化趋势，这是一个可喜现象。但另一方面，中国近代思想史研究也多有需要拓展和深化之处。如在重视精英思想研究的同时，有必要进一步加强对中国近代社会大众思想和时代思想的研究；在重视文本思想研究的同时，有必要开展非文本思想的研究，通过对中国近代制度、政策、事件、社会习俗乃至器物的考察，透视中国近代思想的变化。即使五四新文化运动史的研究，亦有必要破除五四启蒙思想的"理性"神话，以历史的眼光，重新加以审视。

以整个中国近代史研究来说，过去一年实现了量的大幅增长，但在质的提升上还有点不尽如人意。有些研究成果文字表达比较粗糙，遣词造句没有做到要言不烦，准确简练，有些甚至逻辑混乱，词不达意；有些研究成果流于史料堆砌，既不对史料进行分类和判断，择善而从，也不对史料所说内容加以考证，信手拈来，简单地将史料所说内容当作信史；有些研究成果选题和观点陈旧、趋同，缺乏新意；等等。此外，整个学界也尚缺乏一个正常的批评与自我批评的学术氛围，基本上都是各自从事自己的研究，少见有深度的学术讨论和争鸣。要之，在体制化的学术研究中，如何正确处理好名利与学问之间的关系，树立良好学风和文风，文以载道，不忘学问求真之初心，做到精益求精，这是一个有待我们共同思考和践行的问题。

寻找一个真实的梁启超[*]

亦评张灏《梁启超与中国思想的过渡：1890—1907》一书

梁启超是中国近代一位产生过广泛影响的人物，国内外研究他的人很多，但能准确把握他的思想的并不多见。要理解梁氏的思想，远比弄清他的活动来得困难。它要求研究者不但具有一定的理论修养，而且要有历史学家的求实精神。

美籍华裔学者张灏先生的这部著作，系由博士论文改写而成。全书除绪论外，共分十章，于1971年由哈佛大学出版社出版，是继列文森《梁启超与中国近代思想》一书之后，海外研究梁氏思想的又一力作。

这部著作的价值在于，张灏采取一种与列文森不同的研究态度和研究方法，熔思想性和求实精神于一炉，以19世纪末

---

[*] 载《北京图书馆馆刊》1994年第3、4期合刊。

至 20 世纪初梁氏思想的发展为突破口，力图写出一个真实的梁启超。限于篇幅，笔者择其几个主要方面做一评介。

一、梁启超的中西文化观

自戊戌至辛亥前的十余年，是中国思想的一个重要过渡期。作为这一过渡期里思想界的一位代言人，梁启超对中西文化的态度受到特别的关注。

在探讨这个问题之前，张灏先对当时颇流行的"冲击—回应"模式提出异议，认为"西方的冲击"一词存在过分强调外部影响的倾向，忽视中国传统的复杂性和活力。张灏主张应重视中国内部的发展，建议学者们在研究 19 世纪中国思想史时，最好采用"设想参与"的方法，把自己放在儒家文人学士的地位。指出自 1840 年中西方接触以来的半个多世纪里，西方对中国思想的冲击是有限的，主要局限于通商口岸中少数一些没有传统功名的士人，而像陈澧、朱次琦、朱一新和王闿运这样一些重要的思想人物，很少显示出有西方影响的痕迹。西学在中国没有像在日本那样，立刻引起知识分子的强烈反应。西学和中学产生革命性的接触，那是戊戌维新运动开始之后的事情。就晚清的中国知识分子来说，他们主要还是根据儒家传统沿袭下来的关怀和问题，来对西方做出回应的。因此，作者特意在该书第一章"思想背景"中，对汉学和宋学、古文经学和今文经学、程朱学派和陆王学派、桐城学派和经世致用学派在晚清的发展做了详尽的分析，并在第二、三两章分别指出，上述学派是构成康有为和梁启超思想的一个重要组成部分。

具体落实到梁启超的中西文化观，作者将它分为1898年之前和之后两个时期，纠正了列文森在《梁启超与中国近代思想》一书中的一些看法。对于1898年之前的梁启超，作者独具慧眼，以他在1896年和1897年拟定的两份教学大纲《万木草堂小学学记》和《湖南时务学堂学约》入手，指出从这两份教学大纲的内容来看，梁启超的社会政治思想和人格理想已明显地受到西方思想的重大侵蚀，大纲中的修身、穷理、经世等纲目，起因和形式是儒家的，但精神却发生了蜕变。如修身不再以实现儒学的"仁"的道德思想和内圣外王的人格理想为目标；穷理摆脱了伦理学意味，而只成为一种单纯的求知活动；经世除了参与公职外，更突出改制的意义，并引进西方"群"的概念，提出政治整合、大众参与和民族国家这样一些近代内容。但作者对列文森所说的历史与价值的冲突的观点表示不能苟同，指出梁启超这一时期并没有像列文森认为的那样，理智上疏远了本国文化传统，由于历史原因，感情上仍依恋本国文化。事实是梁在排斥传统的某些方面时，他在理智上仍认同其他一些方面。譬如他在传统文化中找到的古代法家的富强思想和墨子的博爱思想，便与西方的一些价值观一样具有现实意义。并且，对儒家来说，他也不是对它所有的道德价值观失去信仰。在他看来，中国文化传统不只等同于儒家传统，即使是儒家学说，本身也有许多不同流派。因此，他对传统始终抱有辨别力。列文森的失误在于将中国传统视为铁板一块的整体，犯了简单化的毛病。然而，作者同时也坦认，就这一时期梁的保教和传教思想，以及他对中国传统文化所做的一些过分的肯定来看，列文森对梁启超的理解是正确的，它们确乎反映了文化危机时代梁启超对中国文化认同问题的关注和维护文化自信心的心理需求，多少表现出一种历史情结。

对1898年之后的梁启超，作者不被他的一些激进言辞所迷惑，不赞成列文森将他描写成一个文化革命者，说他这一时期彻底摈弃了中国文化传统，只认同来自西方的价值观。作者指出，梁氏当时所说的"道德革命"与五四时期所说的不是同一个东西，它既不是全盘接受西方的道德价值观，也不是全盘排斥传统的道德价值观，而是对两者的一个选择综合。梁启超本人对"新民"一词中的"新"字做过明确解释，提醒人们应从两方面理解：一方面指淬砺其所本有而新之；另一方面是择其所本无而新之。在他撰写《新民说》、宣传西方公德思想时，他对传统私德的信仰在许多方面也是确实无疑的。至少在他看来，儒家那套有关养心和束性的方法，对培养新民的人格理想仍然是有用的。他反对将儒学奉为国教，并不是因为儒学毫无价值，而是出于宗教对现代国家和社会功用的实际考虑，担心它阻碍思想知识的传播和发展，挑起宗教战争，危害国家安全。总之，梁启超绝不是像他这一时期有时看来的那样，是一位激进的文化革命者。如同中国文化传统在他看来是复杂多变的一样，他对中国文化传统的态度也是复杂多变的，有时由真实的理智判断来决定，有时出于说教的考虑，有时还不自觉地受保留文化认同需要的影响。

作者对中西文化碰撞中的梁启超的描述，虽然不像列文森那样鲜明、动人，在一些人看来甚至有点调和主义的味道，但它显然更符合梁启超思想的本意。

二、梁启超的新民思想

新民思想，也就是革新人的思想，是梁启超社会政治思想的核心。为理解梁氏新民思想的实质和意义，作者在第六章以"新民"为题，对梁启超在《新民说》中提出的新的公民理想的来龙去脉和内涵进行逐一考察，并将它与儒家内圣外王的人格理想和西方资本主义国家的公民理想做比较，揭示它们之间的区别。

作者指出，与儒家的人格理想相比较，梁启超的新的公民理想至少有以下几点不同。

其一，谈论的要点不同。儒家的人格理想只适用于社会中的道德精英分子，也就是他们所说的"君子"。而梁启超的新的公民理想是对国家内的每个成员而言。

其二，儒家人格理想中的君子和梁启超所说的新的公民，虽然都有参政思想，但参与的方式是不同的。在公民那里，政治参与以行使选举权的形式出现；而在儒家的君子那里，政治参与以入仕或担任非正式的地方领导的形式来实现。因此，公民的政治参与是向国家的所有成员敞开的，而儒家的人格理想却包含着将国家中的大多数成员排除在政治参与之外，即儒家人格理想的另一面存在着一批不享有政治权利、被迫服从少数道德精英分子领导的平民。就此而言，儒家的人格理想基本上是精英主义，而梁的新的公民理想实质上是平等主义。

其三，梁氏所说的新的公民有明确的国家主义思想，一个公民最终的忠于对象是他的国家和人民。而儒家人格理想中所要求君子忠于的对象则是模棱两可的，一个儒家君子应该忠于国家还是忠于他的家庭，应该对统治者尽忠还是对儒家的道德理想尽忠，以及这两者之间是否存在冲突，所有这些都没有予以明确说明。

其四，儒家的人格理想和梁启超的新的公民理想虽然都有为国家和社会奉献的内容，但在如何做出奉献上，两者的看法相差很大。对于一个儒家君子来说，只有一条途径，那就是做官。而梁启超则从广义的社会功利观出发，认为一个公民可以通过各种不同的途径为社会和国家做出他的贡献。换言之，在他的公民人格理想中，具有近代职业专门化和职业奉献思想。

其五，梁启超在新的公民理想中提倡一种非道德的人格理想，如他所说的进取冒险精神、尚武精神、竞争思想，这些都与强调谦虚、平和的儒家价值观格格不入，是儒家人格理想中所不具备的。

在将梁启超的新的公民理想与近代西方民主国家的公民进行比较时，作者认为两者的区别主要在于：在近代西方民主国家的公民中，社会的我和个人的我之间存在着一种紧张关系，而在梁的新的公民理想中这种紧张关系则是不存在的。他说，西方民主国家的公民本身虽然也是一个复杂的概念，但大体由西方遗产中的三种文化传统构成：一是来自希腊的参与思想；二是来自希伯来的奉献思想；三是来自罗马基督教的个人本位思想。这样，西方民主国家的公民就包含了一个两重性的我——社会的我和个人的我。每个公民既有为国家和社会尽义务的职责，同时也被赋予由公民自由权利制度所保护的不可侵犯的个人权利。他们被认为既是社会上的人，也是一个单个的人，既在社会之中，又在社会之外，社会的我和个人的我之间始终存在紧张关系。这种紧张关系对西方民主国家公民的形成不但不是有害的，反而是有益的。然而，梁启超的新的公民理想则不然。在他那里，突出强调的是集体主义，社会的我几乎完全掩盖了个人的我。当谈到西方个人自由权利问题时，他经常只将它等同于克己和束性，个人的我只在有助于实现社会义务的前提下才有其位置，与西方民主国家公民崇尚的个人主义思想无缘。总之，他的新的公民理想更接近于以集体主义取向为核心的古希腊的国民，而不接近于以个人主义为重心的近代西方民主国家的公民。

在对梁启超的新的公民理想进行上述分析比较之后，作者在最后一章对它在中国近代思想史的地位和意义做了充分的肯定，指出梁启超在继承晚清儒家经世致用传统基础上提出的一系列新的人格和社会理想，不但为当时对立的革命派所接受，而且被"五四"一代的新青年知识分子所继承，在中国现代新传统主义、自由主义和共产主义思想中均占有一席之地，"成为20世纪中国思想运动的一个重要的永久的成分"，"对过去半个世纪里的各个思想流派的绝大部分中国知识分子有着持久的魅力，甚至在今天，仍然是共产主义中国价值观体系的一个重要组成部分"。作者因此断言，在从传统到近代中国的文化转变中，19世纪90年代中期至20世纪最初几年发生的思想变化，可看作一个比"五四"时期更为重要的分水岭。

对于作者的这一结论，人们完全可以表示不同意见，但作者对梁启超的新的公民理想所做的分析，无疑深具洞识力，颇具启发意义。

三、梁启超思想的多变

梁启超一生以善变、易变著称，而1903年前后又是他的一个多变时期。如何看待梁氏这一时期的多变，作者抱以理解态度，从他多变的政治言行中揭示出他的一贯性。

在作者看来，梁启超的思想从戊戌维新运动开始至1903年，一直是矛盾的。首先，他在国内参加的那场改革运动在思想意识上就不是单一的，其中既有温和的改良主义者，也有政治激进主义者，自上而下的改良思想和推翻清朝统治的革命思想同时并存。这种情况直接导致梁在流亡海外的头几年里在革命与改良问题上继续举棋不定。他一方面对革命排满持有保留态度，但有时又认为它是必要的；他既愿与革命党人合作，又不愿离开改良派阵营。1902年，他创作的政治小说《新中国未来记》中的两位主人公，黄克强和李去病关于革命与改良、民立共和与君主立宪的争论，就反映了他本人的这种矛盾心理。作者认为，不能将梁氏的这些矛盾言行看作一种政治机会主义，它的每一方面都反映了梁启超思想的真实一面，是他政治观中固有矛盾的一个发展。

1903年是梁启超思想发生重大变化的一年。这年年底，他自美洲归来后，政治态度骤然趋于明朗，成为一名反对革命和民主共和制度的代表人物。据作者分析，促使梁氏发生这一转变的根本原因是他对"国家理性"的日益关注，或者说是他的国家主义思想。正是从确保国家生存和安全的理性行为出发，梁启超从前一时期拥护自由主义的立场上退却下来，强调权威主义和国家主权，强调有机统一和秩序，甚至一度与"开明专制"思想调情。国家主义思想还促使他在民族主义问题上坚决反对革命排满的主张，指出革命排满的口号对中国这样一个多民族国家的统一来说是有害的，不利于"外竞"。最后，国家主义思想还导致他反对孙中山的民生主义，坚持认为处在与西方经济帝国主义竞争时代，"吾之经济政策以奖励保护资本家并力外竞为主，而其余皆为辅"。总之，在接着的几年里，梁启超的政治态度完全由他的国家主义思想所支配。但作者同时指出，伴随梁启超这次出访美洲出现的明显的国家主义思想，并不代表一个新的起点，而是他思想中本已潜伏的某些基本倾向的一个终极发展。

作者还认为，1903年之后梁启超对儒家道德哲学重新产生浓厚兴趣，强调传统私德的重要性，这也不意味着他正放弃前一时期宣传的公德思想而回到儒家传统上来，梁氏所说的私德与儒家的修身思想有着本质的区别。首先，儒家修身思想中用来说明人性和世界本质的一些抽象概念，诸如"理""气""性""太极"等，被彻底抛弃，由现代的物质科学和精神科学取代；梁只是有选择地吸收儒家修身思想中的一些方法技巧，如辩术、立志、存养、省察、克己、主静、主敬等，目的是要实现一个以内心和行动主义为取向的人格，这与他提倡的新的民德和政治价值观并无冲突。再者，梁启超强调私德，并不是以道德为取向，实现儒家内圣外王的人格理想和仁的道德标准；他在这一时期着重宣传个人对国家、对社会的义务，强调尚武精神，这些不但与他前一时期提倡的新的公民理想没有任何的割裂,而且还是一个发展,与同一时期他对国家理性的日益关注相吻合。

除重视梁启超前后思想的一贯性外,作者还注意到他与革命党人之间的一致性,指出梁启超与革命派属于资产阶级的两个不同派别,他们思想上的一致性远胜于他们表面的一些分歧。譬如革命派虽然强调反满为中国近代民族主义的主题,但他们最终是否会同样严肃地就梁启超的近代中国国家观进行辩论,这是很值得怀疑的。再如,他们对西方社会主义的意义可以有不同看法,并在土地国有化问题上展开辩论,但他们最终都接受国家社会主义思想却是一致的。又如他们虽然在建立什么样的政治制度上存在分歧,一个提倡共和主义,一个倾向君主立宪,但他们都信仰政治参与是组建国家的一种办法这一基本的民主化思想。作者的结论是,梁启超与革命派在基本的社会目标方面分歧很少,而在有关人格理想上的分歧则更少;他们的分歧主要落在实现这些目标的方法上,即主张采取革命手段,还是通过改良途径。

四、结语

不难看出,作者对梁启超的研究,力求做到客观、公允。即便如此,本书仍存在一些不足之处。如对1903年前后梁启超政治态度的变化,只是从思想到思想,强调国家主义所起的决定作用，而忽视了当时各种现实政治因素在其中产生的影响。又如在探讨梁启超的思想背景中，对西学和传统的地位给予了充分的阐述，但却低估了近代日本思想界在其中的分量。此外，选择19世纪90年代中期至20世纪最初几年的梁启超作为研究对象，固然有它的一定道理，但对研究梁氏一生的思想来说，则不能说是全面的，而毋宁说是一大缺陷。

袁世凯与晚清政治[*]

《晚清权力与政治：袁世凯在北京和天津》述评

《晚清权力与政治：袁世凯在北京和天津》(*Power and Politics in Late Imperial China：Yuan Shi-kai in Beijing and Tianjin*，1901-1908，Berkeley：University of California Press，1980. 以下简称《晚清权力与政治》）是一部出版于 1980 年的英文著作，作者为美国亚利桑那州立大学麦金农教授（Stephen R. Mackinnon）。该书由作者在博士论文的基础上修改而成，历经 10 余年，共 7 章，着重探讨 1901—1908 年袁世凯权力的兴起与晚清政治的关系。虽然这是一部出版于 40 多年之前的著作，但无论对袁世凯研究来说，还是对研究晚清政治权力结构

---

[*] 载《清史译丛》第三辑（中国人民大学出版社 2005 年版），题目原名为《关于晚清政治权力结构的另一种解释——〈晚清权力与政治：袁世凯在北京和天津〉述评》。

的变动来说,《晚清权力与政治》都是值得一读的著作。

一、袁世凯并非近代军阀前身

在有关袁世凯和晚清政治权力结构研究中,此前学术界流行的观点认为,自 19 世纪中叶太平天国运动以来,随着以曾国藩、李鸿章为代表的湘、淮军的崛起,晚清政治权力结构开始出现尾大不掉之势,其中,袁世凯便是地方督抚分离主义势力的一个典型代表,他所创立的北洋新军,既是湘、淮军的继承者,也是中国近代军阀的前身。《晚清权力与政治》首先对这一传统观点提出质疑,通过对袁世凯权力兴起过程的考察,重新检讨晚清中央与地方督抚之间的权力关系,认为袁世凯在清末与张之洞一样,都属于政府官僚,袁并非像一些学者所说的那样是近代军阀的前身,他在清末军事或政治权力的扩大不存在任何地方分离主义性质。

理由之一,袁世凯在义和团之后的快速提升,从直隶总督到军机大臣、外务部尚书,并非以地方军事权力为基础,也与华北的地方精英的支持无关,主要在于袁本人具有操纵和取悦朝廷和官僚政治的才能。为此,作者在书中对袁世凯如何取悦慈禧太后、军机大臣荣禄和后来的庆亲王奕劻,以及袁如何在朝廷中培植势力和关系网做了详尽的描述,说明袁世凯权力的兴起系出于袁在朝廷中的影响力,因此不具有地方分离主义性质。

理由之二，袁世凯权力的兴起与晚清的新政改革有着密切关系，而袁在直隶实行的改革之所以获得成功，关键也是袁在北京的影响力。作者指出，袁在直隶的改革和他对北京宪政的坚定支持以及他在天津率先推行的自治等改革，通过像诸如上海的《东方杂志》在全国得到广泛的宣传，从而为袁在1911年辛亥革命期间获得全国范围的地方精英分子的支持打下了基础。

理由之三，作为袁世凯政治权力重要来源和象征的北洋军，并非人们所说是袁的私人和地方部队，军阀的前身。作者指出，首先，从北洋军的产生来看，与湘军和淮军不同，新军最初并不是地方上为对付国内叛乱所引起的危机而建立，而是由于外部对国家和朝廷的安全构成威胁，最主要的是1904—1905年发生在满洲的日俄战争，促使慈禧拨巨款在中国北方筹建新军。其次，新军在财政和行政方面都取决于北京中央政府的支持。北洋军的常年经费，除一部分由袁从地方筹得之外，三分之二来自中央的拨款。袁对北洋军的控制主要也是依赖其在北京的影响力，特别是其对慈禧太后和庆亲王的影响力，以及利用他的同党和门生在北京两个关键部门——练兵处和陆军部中的地位。因此，当1906年底和1907年初袁在朝廷中遭攻击，他对慈禧太后的影响处于最低点时，铁良就曾一度从袁手中拿走北洋六镇中四镇的控制权。再者，新军的组织和运作也与湘军、淮军不同，它遵循的是专业化的路线。新军的组织经过刻意的设计，以近代日本的军队为模式。在北洋军内，衡量军官和士兵的标准突出教育和专业军事训练重于个人和地域关系。而北洋新军的各级指挥官经常变动，又限制了部队和指挥官之间发展起主要的忠诚关系。虽然这一做法无疑会加强北洋军官对袁世凯个人的依赖，但由于袁在录用军官中强调教育和专业军事培训，北洋军官对袁世凯的个人忠诚度分三个派别，依次不同：一是像段祺瑞、吴佩孚这样的忠诚的高级官员；二是像姜桂题、张勋那样的忠诚程度稍差的前淮军军官；三是许多受日本训练的低级官员，他们与袁的联系很少。所有这三类军官对袁的忠诚度都取决于他能否满足他们的职业和政治目标，而这反过来又取决于袁在北京的影响力。但所有这些军官对袁世凯的忠诚都没有达到足以将北洋军说成是袁世凯个人军队的程度。

二、直隶新政中的政治权力结构关系

除了透过袁世凯权力的兴起研究晚清中央政府与地方督抚之间的权力关系，《晚清权力与政治》还通过对袁在直隶县一级所实行的教育、警察和经济改革的考察，揭示晚清县一级的政权建设以及袁世凯与县一级地方精英权力的关系。

首先，作者指出，袁比同时代的任何督抚都更有效地将改革贯彻到农村一级，并使农村产生一些变化，尤其是在教育改革方面。但同时袁在直隶的改革又是不平衡的。在大多数县，教育、警察和经济三者的改革很少都得到执行，大多只是对其中的一项或两项进行了改革。重大的改革活动发生在相对比较富裕的直隶南部地区，但并不一定在最繁华和人口最多的县里。在保定府、冀州、定州、深州等地，地方士绅对教育和经济改革有极大的兴趣，而对警察的改革兴趣不大。在当时的定州和束鹿县，改革似乎完全集中在教育上。比较平衡和全面的改革则发生在像赵州和广亭府这样比较贫穷和偏远的地区。直隶县一级的改革活动具有以下特点：（1）这些改革在每一个县里一般都是由那些富有活力的地方官负责发起。（2）改革能够取得长期成功往往有赖于地方精英的合作。（3）在改革过程中，产生了一群新的精英和商人群体，他们不像在湖南和湖北的精英那样与县官对立，而是与县官直接联系在一起，在社区发挥权力，牺牲他们群体之外的农民、商人和其他阶层的利益。（4）在直隶，改革没有导致城市和农村分裂，没有像当时的湖南和湖北那样出现一个独立的新的城市改革派精英群体。

基于以上分析，作者认为袁在直隶县一级实行的改革是成功的。改革提高了县官的管理能力，从而扩大了袁本人在省内的权力。同时，袁在扩大政府在县一级权力的过程中，并没有牺牲地方精英分子。袁和他的县官们主动接纳精英分子在地方上的领导权和他们的一些事业活动，并使之合法化。在近代化的名义下，他们解散或取缔像联庄会、保甲和团练这样一些非正规的警察和军事组织，而以近代的警察和北洋新军取而代之。那些对义和团运动记忆犹新的地方精英分子们既满意这一改革所带来的相对安定的社会环境，也满意袁为他们子女提供接受现代教育的机会。因此，袁的社会控制得到直隶地方精英的支持，他们愿意想方设法为他的社会控制付出代价。这样，袁便将他的督抚权力与地方官和地方精英紧密地连在一起。

作者指出，与袁对士绅采取争取他们合作与支持相反的是，袁对商人和农民则采取了强硬的态度和措施。如他并不愿天津商会的地位过于扩大；除高阳、保定和一些像天津商人宁世福创办的企业，直隶的近代企业被周学熙、李士伟和孙多森这样一些官僚资本家控制。在直隶经济的发展过程中，袁世凯比李鸿章更倾向于采取官僚资本主义道路，而商人往往被忽视。在改革过程中，直隶农民的利益更是被损害。袁的改革不但使直隶的男性农民承担北洋新军的强制性征兵并承受它的所谓的"近代"式训练的梦魇，而且还承担深重的额外赋税和地租，支付袁在农村所推行的各项改革的大部分费用。并且，农民稍有反抗，即遭袁的残暴镇压。总之，商人和农民受各种新的和旧的方式的统治和剥削，他们为新的改革活动付出代价，但他们很少从中得益。在作者看来，袁对商人群体的态度从长远来看极大地限制了他的经济改革的成效，袁在直隶推行的经济改革只有在高阳等由商人组织和发动的地方才获得了长期的经济增长。

根据对袁世凯在直隶县一级所实行的各项改革的考察，麦金农认为晚清北方地区中国政治权力结构的模式与裴士丹（Daniel H. Bays）在《迈入20世纪的中国：张之洞与一个新的时代》（*China Enters the Twentieth Century: Chang Chih-tung and Issues of a New Age*，1895-1909，Ann Arbor，1978）一书中所说的情况稍有不同：在北方地区并没有出现像南方那样与政府正式权力相抗衡的地方士绅精英势力；北方地区中国政治权力结构的模式是北京的中央政府和地方督抚以及县级以下的地方精英三者之间的权力同时扩大并交错重叠，并且与人们通常想象的不一样，这三大权力中心之间更多的是合作，而不是竞争；而导致出现这种情况的原因则是他们面临来自西方和日本这些共同敌人不断增强的压力；如果说这三种政治权力的扩大以牺牲其他人为代价的话，那就是被政府和地方精英严密控制的农民。

三、袁世凯与列强之关系

在研究晚清中国政治权力的变化时，麦金农还十分重视帝国主义列强的影响，认为在义和团运动之后的10年里，列强对北京和地方政府决策的干预达到了前所未有的程度：列强不仅对新政改革运动施加了重大影响，列强的支持还成为一些重要地方督抚维护其政治地位的一个至关重要的因素。因此，在《晚清权力与政治》一书中麦先生除了探讨袁世凯政治权力与中央政府和地方士绅精英三者之间的相互关系，对袁世凯政治权力的兴起与列强之间的关系也做了深入的考察和分析。

根据有关英文档案资料及相关研究，麦金农认为，袁世凯权力的兴起与列强的支持有着密切的关系。他指出，1900年李鸿章去世后，袁世凯得以继任直隶总督，便与有关列强的支持分不开，尤其英、德两国起了重要作用。而袁在出任直隶总督之后，利用与列强打交道的机会，通过一系列交易，有意与列强中在华势力最大的英国建立起一种特殊关系。1902年与英国友好地解决京奉铁路协定问题和中英商约问题，随后又接受英国的劝告，在日俄战争中奉行"中立"政策，实际支持英国的同盟国日本。作为回报，英国则介入清朝内部政治权力的斗争，支持袁世凯。1902年当袁因解决京奉铁路问题遭到攻击时，英国驻华公使萨道义（Ernest Satow）便出面进行直接干涉，替袁说话。1903年4月荣禄去世，袁对自己的前途表示担忧，请求英国公使的帮助。英国公使便又照会庆亲王和外务部，表达英国政府对袁世凯的关切。一些英国军官和外交官甚至讨论如果袁失去直隶总督职务，有必要增援部队，重新占领天津和北京。在1907年"丁未政潮"中，袁世凯之所以能够战胜他的政敌军机大臣瞿鸿禨和邮传部尚书岑春煊，将后者挤出政界，也与列强的态度有关。新任驻华公使朱尔典（John Jordan）便站在袁世凯一边，密切关注事态的发展，将瞿鸿禨看作一个"心胸狭窄的迂夫子"，对袁世凯调任外务部尚书、军机大臣，表示欢迎。1909年1月当袁世凯被摄政王载沣开缺回籍的事情发生后，朱尔典又出面予以保护，要求载沣确保袁世凯的人身安全。

同时，作者认为，袁与外国列强的关系是十分复杂的。袁之所以能够始终得到北京外交团的青睐，原因在于他们尊敬袁是一位进步的、具有坚定思想的人，他能在诸如开平煤矿、关税自主或有关满洲的主权等事情上对有损中国主权的行为作斗争；但同时他们又认为袁是一位现实主义者，既清楚中国国际地位的弱点，也认识到中国政府财政的拮据。他们对袁所做的允许开放新的通商口岸和同意签订新的铁路合同感到满意。因此，他们都愿意与袁谈判，并让清政府知道这一点。

而对慈禧太后来说，她在政治和人事上依赖袁世凯，原因也就在于袁能与外国人打交道，帮她解决一系列棘手的外交问题。义和团运动之后，袁和他的同党如唐绍仪处理了一系列重大交涉，诸如结束八国联军对天津的占领，签订商约，1904—1906年就西藏问题与英国谈判，日俄战争之后与日签订条约，以及大量的路矿合同的签订。在慈禧太后看来，袁是一位值得信赖的人物，他一方面坚定地捍卫朝廷的主权免遭帝国主义的直接侵犯，另一方面又能表面安抚列强，避免清政府与列强发生灾难性的冲突。因此，袁世凯也就成了慈禧太后不可缺少的人物。

作者认为，袁世凯和晚清政府的外交政策和外交活动也曾对其政治权力产生一些负面影响。1907—1908年，袁在东三省采取以夷制夷的传统策略，试图以与美国结盟来抵制日本的侵略，但由于美国无意在东三省问题上与日本发生对抗，结果导致严重后果，使得中国在外交上变得更加孤立，也更易受日本的侵略，并加速了袁本人的下台。再者，袁世凯主持的外交政策存在严重的相互抵触。袁和慈禧太后的目标是稳定与列强的关系，为实现这一目标，必须做出一些让步，而这又会引起那些民族主义精英分子发动骚乱，最后颠覆清王朝。

四、袁世凯的阶级属性与政治风格

在考察袁世凯权力兴起与晚清政治权力结构变动之余，作者在该书的结语部分还对袁世凯的政治风格、阶级属性，以及袁追求政治权力的动机，做了简要的分析。

作者认为，就政治风格来说，袁世凯与中国传统士绅/官僚精英相一致，他的合法性也来自他们。袁本人就出生在河南地主官僚之家。虽然他没有科举功名，但在他周围的都是一些令人敬畏的有功名的士大夫，他的幕僚和同党都是有上层阶级背景的务实的儒学之士，如徐世昌、严修等。因此，袁本人固然很难说是一位学者，但他却有着坚实的知识分子的背景，这一事实经常因袁的军事生涯而被忽视。他的同党和门生当中虽然也有像唐绍仪、梁敦彦和梁如浩这样一些有买办背景的受西式教育的人物，但他们几乎都只活动在与外交有关的领域。在经济方面也有一些专家，但袁依靠的是像周学熙、孙多森和杨士琦这样一些来自名门望族、接受过传统教育的士绅官僚。对北洋新军的高级官员来说，袁也更优先选择像冯国璋、段祺瑞和吴佩孚这样一些同时受过传统和近代专业训练的人物。在直隶的改革中，袁也是依赖和照顾城市和农村精英阶层的利益，牺牲商人和广大农民的利益。基于以上分析，作者得出与大陆学者基本相同的结论，指出袁世凯是中国传统上下层精英分子利益的代表，特别是那些与地方督抚和国家政府有着密切联系的大地主的利益的代表。

至于袁世凯毕生追求权力的动因，作者认为是袁要拯救中国，创立一个与外国并驾齐驱的、强大的中央集权的国家。为实现这一目的，袁愿意采取尽可能最快速、最有效的方法，甚至导致他有时向外国列强做出耻辱的妥协，袁将自己看作创造强大的、中央集权国家所不可缺少的强权人物。因此，他虽然与同时期抱有改革思想的张之洞和张謇都有一种阶级意识，但又与他们有很大的不同。他可能比他们更了解中国和世界政治权力的现实，特别是清楚军事力量的需要和外国影响所起的作用。但在其他方面，袁与两张相比也存在一些根本缺陷。与张之洞一样，袁也是一位官僚型的民族主义者，但原则性和坚定性却远为逊色。与张謇一样，袁也支持立宪和自治，但仅仅将它们当作扩大中央集权和增强国家力量的手段，而不是为了达到实现它们本身所具有的积极目的。袁深深地被他的实用主义所束缚，一味追求个人权力的最大化，在袁看来这两者都是建立一个强大的中央集权国家的前提条件。

最后，根据该书所做的研究，作者还对整个晚清政治权力的演变提出自己的见解。他认为，19世纪末20世纪初的中国政治虽然存在传统王朝循环衰败的迹象，诸如晚清官僚的腐败，但正如本研究所力图证明的，延续的趋势更加明显，晚清最后10年的权力政治并不适合王朝衰败的演算模式，慈禧太后的中央政府并没有衰败瓦解，它不仅更强大，而且开始通过改革，把中央对县级以下的影响力扩大到几世纪以来闻所未闻的程度。通过对晚清最后10年政治上最有影响力的袁世凯权力的考察以及裴士丹对这一时期另一重要政治人物张之洞生涯的研究，中国严重依赖外国列强维持的事实从短期来看，在中国国内是增强了它的力量，而不是削弱了它的力量。虽然地方权力的集中以及广泛的农民骚动一直延续至1911年，但很少有证据表明它们威胁到朝廷的统治。这一时期地方上的重要人物，如袁世凯和张之洞，他们主要的政治联系和效忠都在北京。同样，北京的新式军队和西式武器也足以对付农民起义，这些农民起义从没有表现出失控迹象。最后，地方精英的权力在1911年之前无疑继续扩大，但至少在中国的北方并不一定就牺牲中央和地方政府的权力。中华帝国晚期政治权力结构，特别是在北方，不是随着1912年清朝的覆灭而瓦解，而是随着1916年袁世凯的灭亡而崩溃。

五、几点辨析

《晚清权力与政治》对袁世凯权力兴起过程的考察，基本上是符合历史事实的，它不但提供了大量有关晚清朝廷政治方面的内情，而且深刻揭示了列强对晚清政治的影响；其对袁世凯直隶改革和他与县一级地方精英权力关系所做的考察和分析，则丰富和深化了以往国外学者在这方面所做的研究。但《晚清权力与政治》推导出的有关袁世凯权力的兴起不具有任何地方分离主义性质，以及关于袁世凯并非近代军阀前身的论述，则是有待商榷的。

首先，作者在论证过程中，先入为主地将袁个人的集权等同于中央的集权，忽视了袁在集权和改革过程中与清朝中央政权之间存在的矛盾和冲突。事实上，袁世凯个人权力的扩大与中央政权之间的矛盾是显而易见的。1906年袁在河南彰德会操后被削去北洋四镇兵权，次年调离北洋，1909年1月遭罢黜，不只是朝廷不同派系斗争的结果，很大程度也是袁个人集权与当时清朝中央政权产生冲突的产物。而袁在一些改革问题上与中央政府的分歧也折射出袁个人集权与中央政权之间的冲突。如在官制改革中，袁支持立宪，主张建立责任内阁，并非如麦金农所说，其目的是扩大中央权力，更主要的是为了个人集权，企图借责任内阁控制中央，对于袁的这一意图，御史赵炳麟在当时就进行了揭露，指出"袁世凯自戊戌政变与皇上有隙，虑太后一旦升遐，必祸生不测，欲以立宪为名，先设内阁，将君主大权潜移内阁，已居阁位，君同赘疣，不徒免祸，且可暗移神器"（赵炳麟：《谏院奏事录》卷一，第18页）。而那位一心一意想扩大中央集权同时又十分青睐袁世凯能力的慈禧太后最后之所以否定责任内阁制，也正是看破了这一点。反之，为了个人集权，在改革过程中袁对清政府提出的一些有利于中央集权的政策和措施则加以反对和抵制。如对商部颁布《路务议员办事章程》，试图将各省路务议员置于商部的垂直管理之下，袁就毫不掩饰地加以反对，认为商部的这一举动侵越了地方督抚权力，声称"部中为立法之地，非行政之地；部员为中央议事之人，非地方办事之人"，责问路务议员隶属商部，"则置管路大臣于何地？"至于袁在直隶的经济改革采取官僚资本主义的道路，也并非为了扩大国家权力，而是为了他个人控制财源。并且，袁在直隶经济改革中所实行的官办政策一定程度上与当时清朝中央政府业已宣布的振兴实业政策也是有所抵牾的。可以说，袁在清末所作的改革中，首先考虑的是个人的权势，并不是从扩大中央权力出发的。当然，这并不完全否定袁的某些改革，诸如推行近代警察制度，既扩大了他个人的权力，也扩大了国家政权对社会的控制。但总的来说，袁在晚清权力的扩大，并不一定就意味着中央权力的扩大。这是我们在讨论袁世凯权力性质时须加区别的。

其次，麦先生一再强调袁的权力的扩大都是通过他在北京的影响来实现的，以此来论证袁在晚清的军事或政治权力不存在任何地方分离主义的性质，这也是缺乏说服力的。袁的军事或政治权力通过北京中央政府实现，它本身并不能就说明他没有近代军阀主义的性质，就像汉代的曹操挟天子以令诸侯一样。并且，在清朝中央专制集权制度完全崩溃之前，尤其是清朝中央政府还掌握一切大小官员的任免权和大部分财权的时候，任何官员要培植地方势力，或多或少都要通过中央政府。而袁在晚清的情况就是如此。一方面，他利用他所掌握的权力和外国列强的支持扩大他在中央的权力和威信，使自己成为清朝政府不可或缺的人物；另一方面则利用他本人的影响力，以及贿赂等手段，在中央培植同党，然后又通过其在中央的关系，利用中央的资源，培植个人地方势力。对于袁在中央和地方如何一步步精心编织的权力关系网，麦先生在书中做了详尽的分析描述，指出1907—1908年袁调离北洋出任军机大臣和外务部大臣期间，他自1902年任直隶总督以来所编织的权力达到了顶峰，中央的关键几个部，诸如外务部、学部、法部、农工商部、邮传部和民政部都在袁势力的控制之下，同时，直隶、山东等中国北方各省及东三省基本上也处在袁的影响之下，这些省的督抚大多为袁的同党和亲信。此外，在军事方面袁也继续保持着他的影响力，在陆军部除尚书铁良外，其他的一些重要官员大多属于亲袁派；此时袁虽不能再直接控制北洋各镇的兵权，但北洋四镇的兵权仍在袁最亲信的军官控制之下，并且袁还进一步掌握了毅军和新建陆军第七镇的兵权。在笔者看来，麦先生所揭示的这些事实刚好说明了袁权力扩张的分离主义性质，展现了袁个人权力对晚清中央权力构成何等重大的威胁。

最后，麦先生认为列强的干涉加强了袁在晚清中央权力的观点也是站不住脚的。列强的支持的确是袁世凯权力在晚清得以扩张的一个重要原因，但对清朝中央政府来说，列强干预清朝官员的任命，则是对中央权力的一个重大打击，使清朝中央政府丧失了维护中央权威的一个重要法宝——独立的官员任免权。而它所产生的一个严重后果，便是导致有些地方督抚可以"挟洋自重"，催生地方分离主义。依赖和投靠列强，正是近代中国军阀得以滋生的条件和特征。诚若毛泽东所说："中国内部各派系军阀的矛盾和斗争，反映着帝国主义各国的矛盾和斗争。""帝国主义及其在中国的全部财政军事的势力，乃是一种支持、鼓舞、栽培、保存封建残余及其全部官僚军阀上层建筑的力量。"也正因为如此，孙中山晚年在领导推翻北洋军阀统治的国民革命中明确提出："要以后真是和平统一，还是要军阀绝种；要军阀绝种，便要打破串通军阀来作恶的帝国主义。""不驱除列强对中国的压迫，中国的军阀将永不可能根绝。"因此，麦氏对袁世凯权力兴起与列强关系所做的分析，在笔者看来，正好论证了袁世凯权力兴起对清朝中央权力的挑战和削弱及其军阀本质。

探寻盛宣怀的另一面[*]

读朱浒著《洋务与赈务：盛宣怀的晚清四十年》

一、盛宣怀其人与既往研究

历史是由人创造的，因此历史研究离不开人物研究。人物研究既容易，又最难把握：一则对人物的评价始终缺少一个统一、恒久的标准或尺度，同一历史人物在不同时代或同一时代不同学者的眼里可以产生截然不同的看法和评价；二则那些值得后人研究的杰出历史人物往往都是多面人生，或是先觉者，实非平常人能够一眼窥破，或与其对话。盛宣怀就属于这样一位历史人物。

在晚清统治阶级历史人物中，与同样大名鼎鼎的曾国藩、

---

[*] 原载《中华读书报》2021年10月13日。

左宗棠、李鸿章、张之洞、袁世凯等官僚不同，盛宣怀走的既不是科举正道，也非军功道路，他走的是一条由商入官、亦官亦商的道路，即通过参与举办洋务企业这一"大事"实现其"做高官"的人生目标，而"高官"的位置又助其举办更多的"大事"，以至他的一生创造了中国"十一个第一"：第一个民用股份制企业——轮船招商局；第一个电报局——天津电报局；第一个内河小火轮公司；第一个钢铁联合企业——汉冶萍煤铁厂矿公司；第一条铁路干线——卢汉铁路；第一家银行——中国通商银行；第一所正规大学——北洋大学堂；第一所正规高等师范学堂——南洋公学；第一个勘矿公司；创办中国红十字会，出任首任会长；创办第一座公共图书馆——上海图书馆。

由于盛宣怀的人生历史契合了当代中国改革开放的历史大潮，自20世纪八九十年代以来，学界和社会都对盛宣怀人物研究产生浓厚兴趣，发表了许多论著，对盛宣怀的生平事迹做了比较全面的考察，但评价则人言人殊。最近由中国人民大学出版社出版的朱浒君的著作《洋务与赈务：盛宣怀的晚清四十年》，与既往出版的任何一部关于盛宣怀的著作不同，该著积20余年之功，摒弃既往学界的研究路径，另辟蹊径，紧扣洋务与赈务两条相交织历史，对盛宣怀步入洋务以后的四十年人生轨迹、成功之道及与晚清中国社会的关系做了另类诠释，探讨了盛宣怀何以成为盛宣怀，读来令人耳目一新。

二、赈务改变了盛宣怀的人生

在盛宣怀一生中，1872年参与筹办轮船招商局，是他首次下海投身洋务企业活动，意义重大。既往研究多将此归因于他入幕从军而受到李鸿章器重的经历，而朱浒君的研究则告诉我们，盛宣怀效力军旅在当时并没有什么突出的表现和前景；他的这一次华丽转身，其实与1871年的直隶大水和赈灾活动有着直接关系。从事直隶河间赈务活动不但为盛宣怀脱离军营生涯转向洋务实业活动提供了机缘，而且因在上海的赈务活动还得到与轮船等新事物打交道及表现其才能的机会，且由此得到洋务巨擘李鸿章的赏识，幸运地成为洋务民用工业的第一批建设者。

继河间赈灾之后，盛宣怀在19世纪70年代中后期华北"丁戊奇荒"中开展的大规模、跨区域的赈灾慈善活动，意义更加重大，不但使这场"二百余年未有之灾"化险为夷，并且成为盛宣怀个人和整个洋务运动化危为机、由窘途到坦途的一个契机，收获良多。盛本人因赈务有功不但免除了李鸿章对他湖北办矿不力的责难，反而获李的保荐，出任署理天津河间兵备道一职，生平第一次获得出任实官的机会，并被李授以更大重任，参与办理电报业，创办中国电报局，使盛在洋务道路上站稳脚跟，成为其后来扩展事业的重要资本。而江南士绅在义赈活动中募集到的巨额捐款，又为苦于缺乏资本的洋务企业展现了吸收社会资金的良好前景，并激发了江南士绅投资企业的热情，同时也为洋务企业的招股提供了可资借鉴的经验。盛宣怀在80年代至中日甲午战争爆发前夕继续联合江南绅商，发起治理山东小清河的义赈活动，以及甲午战争期间他们发起义兵义饷动议，则进一步扩大了盛本人的社会影响力，起到了聚集绅商、促进新兴绅商阶层兴起和形成的作用。

并且，值得特别指出的是，通过19世纪70年代和八九十年代之交的赈灾活动，盛宣怀还在士绅中建立起一个广泛的社会关系网，从而为他的洋务活动提供了极大的助力。在70年代的赈灾活动中，盛宣怀结识了像经元善、郑观应、谢家福、李金镛、严作霖、金福曾等在地方社会颇有影响力的第一代江南义赈同人；在八九十年代之交的赈灾活动中，盛宣怀又结交了施善昌、陈煦元、李朝觐、王松森等第二代义赈同人。这些江南义赈同人因赈灾而与盛结缘，同时也都成了盛洋务事业的同道者，深度参与盛的企业活动，为盛洋务企业的稳定和发展立下汗马功劳。可以说，盛宣怀在整个洋务运动时期之所以能够在实业界打开局面，除了李鸿章这个靠山，还与一批富有组织管理能力和实干精神的第一、第二两代江南义赈同人的帮衬密不可分，这也是盛在当时能够胜出其他竞争者的一个重要原因。

中日甲午战争之后，清朝历史进入后洋务时代，虽然战后李鸿章势力的垮台使盛宣怀失去一个重要靠山，但盛的事业不但没有因此沉沦，反而迎来新的发展，这也与赈务活动有着密切勾连。战后盛宣怀能逃过朝中政敌的弹劾和清算，且从湖广总督张之洞手中接办汉阳铁厂，并扩大到承办铁路，创办中国通商银行，也并非如前人所说，是盛弃李攀张或与张交易的结果，实与他当时从事直奉赈灾和两湖赈灾有着直接关系。这两次的赈灾活动使他得到直隶总督王文韶的鼎力保护、推荐和支持。而在1900年"庚子事变"中，盛宣怀和上海绅商一起连续开展的对京津地区战争难民的救助和对陕西旱灾进行义赈的两场大规模、跨区域的救助活动，更是影响巨大，收获满满。这两场义赈活动的一个直接影响是，一定程度化解了"东南互保"对朝廷的挑战意味，既为盛宣怀消除了来自刘坤一、张之洞南洋系的排挤和威胁，也解除了盛在己亥立储事件中因"经元善事件"所受的牵连，使盛重新得到朝廷的重用，被委以办理商务税事大臣重任，开始参与商务体制的建设，其创办的上海商业会议公所为此后上海商务总会的成立打下良好基础，由此奠定了盛本人在清末商界的独特地位。而盛宣怀在这两场义赈活动中与严信厚、施则敬、杨廷杲等第三代义赈同人建立的关系网，不但反映了上海绅商的世代更替，同时也为盛宣怀的晚年实业活动提供了新的助力。

最后，在清末民初家事和国事都风雨飘摇的岁月里，在因其父盛康去世丁忧守制在家及经办事业频遭袁世凯北洋集团觊觎和侵夺的不利形势之下，盛宣怀由消极到积极参加中国红十字会的创办，最后出任红会会长，也并不仅仅是在从事一项纯粹的慈善活动，而是盛保持其社会和政治影响力、并借此重新跻身清廷权力核心的一个有效方式和渠道。并且，盛参与红会建设的另一重要意义是，他通过扶植本不属上海绅商社会核心成员但精于英语和西学的沈敦和这位新人，为自己在年老体衰的晚年及三代义赈同人先后谢幕之时找到一位新的得力助手。而在辛壬政局鼎革之后的民初，盛宣怀作为因铁路国有政策被清廷在辛亥革命中作为替罪羊在邮传部尚书任上遭罢黜的罪人，之所以能够逃脱来自孙中山领导的南京临时政府和随后袁世凯北洋政府的追产充公，成功复产，保住庞大的家产，化险为夷，或用朱浒著作中更形象的话来说，实现"从落水到上岸"的华丽转身，也正是巧妙地通过用来得心应手、驾轻就熟的捐赈手段得以实现的。

赈务慈善事业改变盛宣怀人生命运留给我们的一个深刻启示是，传统事业可以帮助成就现代事业，传统之树可以结出现代之花。

三、结语

当然，历史并不是单线的。盛宣怀成功打通赈务与近代洋务事业之间的切换，都是在特定的历史背景下发生的，并且也离不开他本人的匠心独运。对此，朱浒君在著作中都有详细论述，并在著作的结语中专门强调这是晚清社会一系列事件产生联动效应和盛宣怀本人发挥主观能动性的结果，是历史必然性与偶然性的辩证统一。但即便如此，有关盛宣怀本人的赈务和慈善思想和观念，以及赈务和慈善事业与盛为官和洋务实业活动之间是否存在如本书所描述的那样一种关系或黏合度、产生如本书所说的那样的作用，换言之，它们与其他社会事件效应的关系如何，等等这些问题，仍然是有待做进一步探讨的。

要之，在这部 40 余万言的著作中，朱浒君以翔实的史料和史实，引人入胜地讲述了赈务和慈善活动如何改变了盛宣怀的人生轨迹，成就了他在政界尤其是实业界的辉煌，同时也讲述了盛宣怀人生轨迹与晚清中国社会新陈代谢之间的相互关系，尝试回答盛宣怀何以成为盛宣怀，以及盛宣怀为何一生热衷慈善事业、临终还立下遗嘱将其家产进项一半留作善举的历史，为我们提供了盛宣怀的另一侧面形象。从这部著作中，我们不但可以获得一些新的历史知识，不同的读者还会获得不同的历史智慧和启示，发出不同的历史感慨。就此来说，这是一部适合不同群体阅读的既富学术性又兼可读性的好著作。

近代公园理论与中国近代公园研究[*]

读陈植著《都市与公园论》

一、中国历史上的公园

现代公园是城市化的一个重要标志和内容，可以说当今世界几乎不存在没有公园的城市。近代公园在中国的出现虽然是 19 世纪的事情，但与近代公园有着渊源关系的中国官家或私家园林却有着悠久的历史。据有关学者的研究，中国园林最早见于公元前 11 世纪西周的灵囿。囿（Hunting Park）系当时供帝王贵族狩猎、游乐的场所，《诗经·大雅·灵台》篇这样描绘囿的情景："王在灵囿，麀鹿攸伏。麀鹿濯濯，白鸟翯翯。

---

[*] 中国人民大学书报资料中心编《中国近代史》2009 年第 8 期转载，载《史林》2009 年第 2 期，此处稍有删减。

王在灵沼，於牣鱼跃。"至魏晋南北朝时期，"公园"之名开始见于当时的史书中。《魏书》卷十九《景穆十二王·任城王传》和《北史》卷十八《景穆十二王下·魏任城王传》就分别有"表减公园之地以给无业贫口"和"表减公园之地以给无业贫人"的记载。同时，"园林"一词也开始出现在这一时期一些文人墨客的诗文中，如西晋张翰《杂诗》中即有"暮春和气应，白日照园林"的诗句；北魏杨衒之《洛阳伽蓝记》中则有"园林山池之美，诸王莫及"之文。"公园"和"园林"一词的同时出现，从一个侧面反映了当时官家和私家园林的兴盛。而自魏晋南北朝以来遗留下来的大量论述园林营造的著述，如陶渊明的《桃花源记》、谢灵运的《山居赋》，唐代柳宗元的《零陵山亭记》《柳州东亭记》、白居易的《草堂记》，宋代欧阳修的《醉翁亭记》、李格非的《洛阳名园记》，明代王世贞的《游金陵诸园记》和造园家计成的《园冶》等，也充分见证了中国古代园林的发达和经久不衰。

中国近代公园（public park）的出现，最早系由西方人在19世纪中叶引入中国。1868年，英美租界当局在上海苏州河与黄浦江交界处的滩地上修建公园，作为外国侨民休憩、游乐之地，是为中国近代公园之始。受外人修建公园的影响，同时也由于城市化发展的内在需要，国人也于19世纪末20世纪初开始自建公园，如1897年兴建的齐齐哈尔龙沙公园，1906年修建的无锡城中公园和北京农事试验场附设公园，1910年成都的少城公园和1911年南京的玄武湖公园等。同时，一些私园也逐渐向公众开放，成为公园，如上海的张园、徐园、愚园、西园等。进入民国之后，公园作为市政建设内容之一，得到国内市政当局的重视，有了明显的发展。据不完全统计，至1937年抗战全面爆发，国内公园计有400座。

与中国近代公园发展相一致，近代公园理论也随之逐渐传入中国。19世纪七八十年代在争取上海外滩公园向华人开放中，上海华商和《申报》馆就初步表达了他们对近代公园的认识和探讨，认为外滩公园既名曰"公家花园"，以纳税人之税款所建，就应中外共享。20世纪初，近代意义上的"公园"一词开始从日本传入中国，1903年留日学生在主办的《浙江潮》介绍日本的公园时说："东京有最著名之二大公园（中国称之为公家花园），一在清草，一在上野。"自兹之后，"公园"一词大量出现在清末报章上。1910年，美国传教士、中国"万国改良会"会长丁义华在1910年《大公报》6月8—10日上连载《公共花园论》一文，详细介绍西方公园的设施，建议在北京的东南西北各修建一个公园，指出公园的好处一是"有益于卫生"，二是"有益于民智"，三是"有益于民德"。1912年中华民国成立之后，近代公园理论进一步得到阐述和宣传，既见诸相关报章，如1914—1915年京都市政公所编《市政通告》第1—23期合刊上刊载的《公园论》，1917年《东方杂志》第九卷第二号上发表的黄以仁的《公园考》等，又更广泛地见诸各种市政论著，如董修界的《市政新论》（商务印书馆民国十三年十一月版）、杨哲明的《现代市政新论》（民智书局民国十八年六月版）、江康黎的《大学丛书·市行政学》（商务印书馆民国二十七年四月版）等。民国园林学家陈植《都市与公园论》，便是中国近代公园理论的一部重要著作。

二、《都市与公园论》解读

《都市与公园论》（以下简称《公园论》）作为市政丛书之一种，于1930年12月由上海商务印书馆出版，而根据作者《自序》所记，该书应写成于1928年9月1日。

《公园论》共分六编，计30章，32开，205页。其中，第一编"总论"共3章，依次为"公园之意义""公园之分类"和"公园之效果"。在"公园之意义"一章中，作者将公园定义为"造园学（Landscape Architecture）分科中公共造园（Community Landscape）之一"，"乃人生共同生活上依实用及美观目的，以设计土地，而供群众使用及享乐者也"。关于公园的分类，作者指出可依据公园目的、公园所有和公园位置，进行不同的分类。关于公园的功能，作者认为除休养、保健、运动和美观功能，还有防灾、教化、国防和经济功能，指出凡火灾、洪水、地震等灾害频繁国家，公园数量和面积，尤应增加，1923年9月1日日本东京大地震逃入公园避难而得救者约计 18 万人,"故公园于不测时,实唯一之避难所也"。强调"公园乃动植物学知识之宝库,实物教育之教室也",指出"我国都市中以公园数量面积不足供市民之利用,或竟阙焉无有。故市民除作不正当消遣外,娱乐之足以陶冶身心者极鲜。如不善为之计,风化之颓败,人格之堕落,深可虑也"。关于公园的国防功能,作者称"公园之大面积者,国防上要地也。盖郊外公园面积之较大者,可供飞行机之着陆及军队屯驻之用。纽约市外廓,设炮线三重,以备空军,平时固以休养用地利用者也。且树木荫翳,足资掩护者亦多。法京巴黎,欧战时以近郊森林而得保无恙者,盖有以也"。关于公园的经济功能,作者指出一则可以公园美景吸引国宾,二则公园可促进地价增值,同时促进租税递增。

《公园论》第二编为"公园计划",共 7 章。第 1 章 "公园计划之意义"论述了公园计划的意义和步骤。第 2 章 "公园之系统"强调对于公园的分布,要有适当的面积、形状、距离及设施,须依人口密度平均分配,"当于适当状况下,联络全体公园,而为一个系统","此之谓都市计划之分布主义"。第 3、4、5、6 章分别就公园的形状、公园的分布、公园的位置和公园的面积等问题进行具体阐述。关于公园的形状,作者指出它直接影响公园的利用效能,"故于公园敷地,应选形状之面积小而效果大者",并提出以下原则:(1)公园的形状须以利用目的及地域情况而定,如途上公园,以一方入园而向他方通过者为宜,以公园为目的者,则以由四周集中者为宜,如有不仅为周围居民利用考虑者,则须待各种问题解决后,再决定公园形状。(2)普通公园效率最大者为直方形,且又以曲尺形尤为显著;道路公园则以带状且幅员在某种限度以上者为优。(3)公园形状为圆形或近于圆形者,以圆周之延长线最小,故利用率也最低,应加以避免;盖圆形公园,入园者均向中心集中,公园中心部分不免有狭隘之憾,再则也不便圆形公园周围土地的利用。(4)如公园以防止火灾和遮断暴风者,当与常风风向直角设置,否则,便失去保安目的。关于公园的分布,作者强调都市公园总面积和数量,须以全市面积和公园单位面积之人口之关系以为比例,公园的设置应注意以下三个要素:(1)扩大诱致半径;(2)增多受益者负担区域;(3)具有公园之特质及个性。关于公园位置,作者指出公园地点的选择除与分布及诱致半径原则符合外,以下情况也适宜于作为公园地点:(1)地形上不适于建筑者;(2)以气候及其他关系不适于人常住者;(3)有空地存置之必要者,如都市中为防灾设置的安全地带,缓和交通的空地等;(4)地域境界,如住宅区与工业区之间的隔离带;(5)保存自然风景地带,如风景区、古迹、老年茂林及湖岸、河岸的道路公园;(6)都市装景及修饰之处;(7)便于与教育中心、地方中心联络之处。关于公园面积,作者认为一个都市公园的面积首先取决于都市面积和都市人口密度,此外,也受地域之种类、公园利用之习惯、公园之设施及地形和地价等因素的影响。在该编第7章，作为实例，作者介绍了日本东京公园计划。

《公园论》第三编为"公园设计"，共5章。第1章"公园设计之意义"对公园设计的重要性做了阐述。第2章"公园设计之准备"要求在确定公园地点之后，详细调查公园周围状况及园地内部状况，分计图中。第3章"公园之大体设计"将公园形式分为三类：一为形式园（Fornal Garden）；二为风致园（Landscape Garden）；三为混合式园（Garden of Mixed Style）。作者主张都市公园以混合式为最适，风致式次之，认为形式园处处正规，缺乏生气，"非应时之产物"。第4章"公园之部分设计"就公园的各个组成部分，诸如道路、植树、水池、花坛、凉棚、雕像、凉亭、台地等的作用及设计原理分别加以阐释。第5章"公园设计之实例"全文刊载了作者的《镇江赵声公园设计书》，该设计书分"绪论""设计之大体方针""公园之区划""局部之设施""植树""杂件"和"结论"等7个部分。值得一提的是，作者在该设计书的"结论"中极力主张改变中国公园收费旧习，免费向公众开放，写道："世界各国，公园游览，类不取资，而我国公园则反是，北平之中央，南京之秀山（现已改称南京第一公园），济南之商埠，莫不售券。其券资作何开支，虽未敢必，然委为一以维持乏费，一借寓禁于征，主其事者，几靡不异口同声。曾见外国庭园关系书籍，谓我国无公园，盖公园之收费者，与游览地同一性质，固已有违公园原则者矣。本园将来能与维持、管理二项，善为处理，则诸弊不难革除，以底尽善。蕞尔劵资，裨益实鲜，且终为公园本旨之玷。鄙意谓如能不加限制，完全公开，则在我国不止为首创矣。"（第75页）

《公园论》第四编为"公园经营"，共7章。第1章"公园委员会"着重介绍美国一些重要城市公园委员会的产生、组成和职权，认为美国公园的行政设施"殊足供我借镜"。第2章"公园行政"将世界各国大小都市公园管理行政分为10个类别，它们分别为：独立制、特别制、委员会制、从属制、任命制、区域制、委托制、监督制、部分制和协会制。第3章"公园局课之制度"介绍美国纽约若干公园的课局设置。第4章"我国公园经营之要则"就当时中国经营公园提出十大要则：（1）确定公园财政。（2）确定公园制度。（3）确定公园地点及面积。（4）风景保存地之调查及保护。（5）开放公私庭园。（6）规定公墓地。（7）设立公园课。（8）研究公园行政。（9）充实公园课内容。（10）提倡市民爱美。第5章"公园敷地之收得"总结获得公园用地的9种途径和方法：（1）收买。（2）收用。（3）换地。（4）捐助。（5）移管。（6）永借。（7）区划整理及隙地编入。（8）填土。（9）保安林之编入。第6章"公园统计"要求统计都市人口和都市面积及公园面积和都市人口密度，公园面积与都市面积之比例、公园面积与人口之比例以及公园管理费，"以示一国都市之现状"。第7章"公园警察"批评国人公德心和爱美心薄弱，不爱护公园花草树木，随地大小便，主张参照美国公园警察制度，遇有犯规者，重科不贷，既可维持公园秩序，又可添补维持经费，并附《广州市保护人行路树木规则》《广州市第一公园游览规则》和《青岛市公园游览规则》。

《公园论》第五编为"公园财政"，共5章。第1章"公园收入"根据欧美国家经验和中国实际情况，列举公园收入的8种来源，批评中国公园收入中的特许捐设置过多、过滥，破坏公园本意，须谨慎为之，指出：我国公园内各种民营事业，均已次第实行，"惟数量过多，殊为公园本质之玷。曾见济南公园茶社林立，奉天公园货摊棋布，一入其境，辄觉秩序紊乱，人声喧嚣，既失公园之本质，复何效能之可言。新设公园，幸各以斯为戒"（第119页）。第2章"公园支出"将公园支出分为四大类：一为土地收买费；二为设施费，包括设计费、筑路费、土木费、栽植费、建筑费、设备费；三为维持费；四为公园管理人员事务费。同时作为实例，介绍了1923年美国都市公园费负担额及美国印第安纳波利斯市公园经费和美国芝加哥市西部公园委员会维持费。第3章"公园评价算定法"对估算公园价格方法和意义做了介绍。第4章"公园公债"着重介绍美国一些城市发行公园公债情况，认为美国通过发行公园公债创办公园"诚美国公园事业前途之好现象也"。第5章"公园之受益负担及土地增价"主张"对公园之直接或间接受益者，应课以相当税率"，指出公园直接影响附近地价之升降，对因公园受益者课税为理所当然，并举例介绍了征税的额度和办法。

《公园论》第六编为"公园设施之一般"，共3章。第1章"公园道"强调公园道（Park Way）"乃公园间借为联络之道路也。不惟自身即为公园，同时且可增公园面积以上之机能。故公园道乃一细长之公园也"。指出公园道的目的大致可分6种：（1）自身即可为带状之公园；（2）扩大邻接土地之境界，俾便土地以受益负担增价之增收；（3）为到达公园之前途，俾便公园面积之利用；（4）公园间互为联络，为公园系统完成之良策；（5）不测时，得以缓和交通，并可用为收容地带；（6）得以缩小诱致半径。公园道的设计也分为5种类型："放射式"（radial plan）、"带状式"（stripe plan）、"圆圈式"（circular plan）、"矩形式"（rectangle plan）和"不规则式"（irregular plan）。公园道的规定则涉及下列9个项目：（1）建筑线（building line）；（2）土地境界线（property line）；（3）前庭（fore garden）；（4）栅围（fence）；（5）步道（sideway）；（6）植树地（parking）；（7）街道树木（street tree）；（8）骑道（equestrian path）；（9）车道（roadway）。作者批评国内公园道设计和建设严重落后，痛陈"我国各都市中所有街道，俱极狭小"，建议市政当局加强公园道的建设，美化街道，拓宽道路，并附世界著名街道之路宽表和南京国民政府建设委员会建议修建迎榇大道之原文及《南京特别市刘市长向五中全会建议整理首都案》，以引起国内市政当局对公园道路设计和建设的重视。第 2 章"运动公园"对国外尤其美国运动公园和儿童公园的发达进行了详细的介绍，呼吁"为增进市民健康及道德计"，中国应多设运动公园及儿童公园。第 3 章"水面利用"倡议充分利用水面作为公园功能之补充，大力发展水上公园。

《公园论》最后附录《世界著名都市公园表》、《美国著名都市公园面积统计表》（1920 年调查）、《德国著名都市公园面积表》（1914 年调查）、《英国著名都市公园面积表》（1921 年）、《日本六大都市公园面积表》（1922 年），这些表格列有各国著名城市的人口、市区面积、公园面积、公园面积百分比、公园面积人口比、公园管理费等栏目，以揭示当时一些发达国家城市公园的发展程度，以为国内各都市公园建设之参考。

综上所述，陈植的《公园论》显然不同于中国古代的园林理论，比较系统地阐述了近代公园理论。《公园论》中的一些理论或观点，诸如关于公园功能的论述和主张公园免费开放及对公园直接或间接受益者课税的观点，以及所介绍的国外在建设和管理公园方面的一些经验和做法，不但对于现代公园的建设具有启迪意义，对于我们研究中国近代公园问题也既有指导意义，又有史料价值，值得研究中国近代公园史的学者的重视。

三、对中国近代公园史研究的几点反思

近年，伴随社会史和城市史研究的勃兴，同时也由于受西方后现代主义理论的影响，国内一些学者开始注意中国近代公园的研究，并取得不俗的成绩。但另一方面，尚有一些问题有待深究。

首先，从近代公园理论来看，一些学者在研究中根据《汉语大词典》，将公园定义为"供群众游乐、休息以及进行文娱体育活动的公共园林"，似不够全面，过于具体，缺乏抽象，不足以说明近代公园与古代官家园囿或私家花园的本质区别。有关公园的游乐、休息和文娱体育功能，这是古代官家和私家花园都具有的功能，并且鉴于古代私家花园尤其是官家园囿往往也是达官富人们共同娱乐的场所，某种程度也具有"公"的性质，与近代公园并非没有相近之处。正是在这一意义上，我国在魏晋南北朝时期就将官家园囿称为"公园"，并非如有些论者所说，与近代"public park"一词的含义截然不同。尽管近代公园享受主体的范围要较古代官家园囿更为宽广，但近代公园享受的主体也并非没有限制，没有真正做到全民享受。再者，将近代公园定位于"供群众游乐、休息以及进行文娱体育活动的公共园林"，也不足以概括近代公园的真实功能和本意。正如陈植在《公园论》和其他学者在论文中所指出的那样，近代公园的功能远远超出单纯的游乐和休闲的范围，它同时具有

教育、经济、政治和文化等多种功能，而这些正是近代公园不同于古代园林的本质所在。根据近代公园理论和近代公园的实际情况，笔者以为，近代公园与古代官家和私家园林的本质区别在于，前者是近代城市化和市民社会发展的产物，具有开放性、平民化和多功能性三个特点，因此，将近代公园定义为"城市化和市民社会发展过程中出现的供公众享乐、使用，具有多功能性的公共园林"，似较合乎近代公园的本意。

其次，与近代公园定义问题相关的是，国内一些学者在探讨中国近代公园问题时，一定程度存在西方中心论倾向，以西方公园的抽象标准为尺度，过于突出中国近代公园的特殊性，而忽视了共性。由于中国特殊的文化传统，以及近代中国特殊的政治和经济背景，中国近代公园的确具有一些与近代西方公园不同的特点和表现形式，但有关中国近代公园发生的现象，诸如公园的教育性、社会性、经济性及政治性等，恐怕并非完全为中国近代公园所特有，而是近代西方国家公园也具有的共性，可能只是程度和表现形式不尽相同罢了。并且，中国近代公园所表现出来的现象，与近代西方国家的公园比较，固然有落后的一面，但若从城市化和市民化的角度考察和分析，并非一无是处，或为异类；相反，某些方面表明中国近代公园较诸西方更具有近代性，更加充分地反映了近代公园的特性和功能。至少，中国近代公园较诸近代西方国家的公园承载了更多的内容，因而更具典型意义。

再者，在探讨中国近代公园的社会、政治和文化含义的同时，尚有必要从市政建设角度，进一步将公园史的研究与城市史的研究紧密地结合起来。例如一个城市的公园系统是如何形成的，其设计和配置是否合理，功能是否得到合理利用和发挥，是否存在欠缺，它与城市其他系统的关系，以及有关城市公园的行政和管理、财政等，都有待做专门的研究。

最后，在运用西方相关理论研究中国近代公园问题时，我们既要重视理论对于研究的指导意义，同时又不要为西方理论所囿，要注重通过我们的具体研究，不断充实和丰富相关理论。理论来源于实践，实践又不断丰富和发展理论。我们对中国近代公园史的研究也应该如此，从而推动近代公园史研究与近代公园理论的共同发展。其实，这也是我们在整个中国近代史研究中所应追求的目标。

下篇

向前辈学习，开拓创新近代史研究[*]

今天，近代史所举行范文澜先生铜像揭幕暨建所40周年纪念大会。在这庄严隆重的时刻，我作为本所的一名青年史学工作者，表达我们对范老崇高的敬意和深切的怀念。

虽然我们没有见过我们的第一任所长，没有聆听过他的教诲，但我们从他的文章和著作里，从本所的老同志那里，认识了这位可敬可亲的前辈，感受到他人格和学风的影响。

半个多世纪前，范文澜先生就为马克思主义史学在中国的确立做出了卓越的贡献。20世纪40年代初，他精心编著的《中国通史简编》以及《中国近代史》上册，不仅在当时具有划时代的历史意义，而且在40多年后，依然对我们青年史学工作者具有强大的吸引力，为我们打开了历史研究的大门。

1950年，近代史所成立了，范老担任起近代史所的领导工

---

[*] 原载《近代史研究》1990年第6期。

作。他在任职期间,不仅带领本所同志为中国近代史研究做了大量工作,取得了不少的成就,而且还为本所树立了一套优良的学术范式。他曾谆谆教导我们史学工作者一定要坚持实事求是、理论联系实际的工作作风,指出学习马克思主义要神似,不要貌似,要学会运用马克思主义的立场、观点、方法分析问题和解决问题,而决不能将马克思主义奉为教条,不看对象、不分场合地乱加套用。他曾以身作则,身体力行地提倡和贯彻百家争鸣的学术方针,敢于坚持真理,修正错误,不为名,不为利,谦逊朴实,虚怀若谷,为我们树立了光辉的榜样。他曾一再勉励我们史学工作者要有"坐冷板凳"的精神,要有脚踏实地的学风,精益求精,一丝不苟,做到"板凳要坐十年冷,文章不写一句空"。在范老和本所老一辈学者长期不懈的共同努力下,近代史所终于以求实和严谨的学风,为中外学者所瞩目,树立起在学术界的良好形象。

今天,老一辈学者开创的事业历史地落到了我们青年一代的身上。在新的历史时期,我们青年同志既要继承由范老开创的、近代史所老一辈学者身体力行的优良学风,同时又要有改革开放、开拓创新的时代精神,勇于攀登,勇于探索,把本所的近代史研究工作提高到新的水平。这既是我们青年同志应尽的职责,也是我们对范老的最好纪念。

问题意识与中国近代思想史研究[*]

关于如何进一步推动中国近代思想史的研究，不少专家学者提出了许多启发性的建议。如有些学者提出思想史的研究有三种写法：第一种是"确立事实"；第二种是"真理评价"；第三种是"追踪旅行"。有些学者则提出思想史研究应该是"一个对话过程"。最近，著名中国文化史研究专家刘志琴研究员又提出"从生活领域开拓中国思想史的新资源"。这些建议对拓宽思想史的研究对象、避免使思想史研究沦为一种意识形态主张来说，是十分具有指导意义的。然而，笔者以为，要让思想史研究永葆活力，最根本的是研究者要有很深刻的问题意识；问题意识才是思想史研究的源头活水。

回顾以往的中国近代思想史研究，我们不难发现，一些思

---

[*] 此文原为参加思想史研究学术讨论会的一个发言稿。

想史家的著作之所以影响巨大，如列文森的《梁启超与中国近代思想》和《儒教中国及其现代命运》、史华慈的《寻求富强：严复与西方》和《中国共产主义和毛的崛起》、张灏的《梁启超与中国思想的过渡》、格里德的《胡适与中国的文艺复兴：中国革命中的自由主义》、林毓生的《中国意识的危机》等等，无不与他们所提的问题以及所提问题的方式有关，或是在老问题上提出新观点。20世纪八九十年代之际中国国内学术界思想史研究的繁荣，很大程度也是受益于这些问题意识。无论是对中西文化问题的讨论，还是对中国近代自由主义和保守主义的探讨，抑或是对关于近代中国思想史上的马克思主义和社会主义的探讨，都不同程度地受了西方思想史家的影响。在思想史研究领域，李泽厚先生之所以多年来始终保持影响力，原因也在于他的问题意识。总之，问题意识对20世纪思想史研究的繁荣所起的作用是有目共睹的。

　　大约在国内学术界就有关中西文化问题、中国近代自由主义和保守主义问题展开深入讨论的时候，西方一些研究中国近代思想史的学者开始意识到思想史研究中只注重文本和少数杰出人物思想的局限，提出思想史的研究不能一味突出少数知识精英，而无视权势之外的人们的意识，提出思想史研究不能只是谈论思想的意义问题或思想在某种思想传统中的意义问题，而应进一步探讨思想的社会意义问题，把思想史的研究与社会政治背景结合起来。最近几年，国内学者也开始注意到这个问题,将视角下移,转而注意下层民众的思想,甚至将一些非文本资源也纳入思想史研究的对象,表现出明显的"社会史化"倾向。中西思想史家的这种自觉,对推进思想史的研究来说,不失为一个重要路向。但毋庸讳言,当前国内外思想史家在这方面所做的努力,迄今为止并不十分成功,尚没有产生20世纪那样有影响的著作,引起学术界的强烈关注。究其原因,固然与学术趋于多元化有关,但在笔者看来,更主要的是由于研究主体缺乏问题意识,或者说问题意识不深刻,提不出以往思想史研究中那样具有强烈历史感和时代感的问题,而是就事论事,没有真正做到将人们的日常生活上升到理性层面加以思考,最终还原为思想,结果仅仅局限于对一般社会现象的描述,缺乏思想史研究所特有的思想性,流于琐碎。

对于思想史研究来说,问题意识之所以显得特别重要,这完全是由思想史本身的性质所决定的。中国近代史研究中的其他学科,诸如社会史、经济史、政治史和中外关系史的研究也需要有问题意识,也需要相关的社会学、经济学、政治学知识和相关的国际关系理论,但由于它们的研究对象主要为形而下的东西,一般来说可以采用传统历史学中的"纯客观"的编年叙述方法。而思想史的研究则不然,无论是传统的注重文本和少数知识精英的研究,还是最近出现的"社会史化"的研究,它所探讨的问题都应属于形而上的范畴(在笔者看来，这是思想史研究不同于其他学科的一个重要的界限），这就要求思想史的研究不能停留在纯客观的描述，同时还需要阐释。而阐释就要求研究者主体必须有深刻的问题意识。没有问题意识，就意味着研究者本身没有思想；而一个自身没有多少思想的人研究思想史，其最后的成果会是怎样一种状况，这是可想而知的。可以肯定地说，那种缺乏问题意识的所谓的"纯客观"的编年叙述，运用于思想史的研究，是很难洞悉思想的。

最后需要指出的是，如前所述，目前国内思想史研究中的许多问题意识实际上很大程度是来自西方学者（主要是美国的学者）。应该说，国外学者作为中国历史的局外旁观者，他们所提出的问题及见解，对促进国内中国近代思想史研究起了十分重要的作用。但同时我们必须意识到的是，国外学者的问题意识主要是从他们自己的学术或现实关怀出发的，不可避免地带有一定的局限性。例如长期以来，许多美国学者醉心于中西文化问题，很大程度是为了解释中国的"特殊性"，同时也与他们和中国不属于同一文化思想传统有很大的关系。而事实上，中西文化问题并非如他们认为的那样可以用来解释中国近代思想史上所有的问题，中国近代思想史上的大量问题与文化问题实际上并没有直接的关系，并且，文化问题对于中国近代不同阶层的人来说可能具有完全不同的意义。因此，对于国外学者的问题意识，我们不能完全照搬。尤其是在改革开放的20

多年之后，我们更不能仍然停留在以往的问题上。我们应根据中国近代社会发展的实际状况，把握不同历史阶段思想界中所遇到的问题，把握思想和价值观念对于不同社会集团的不同含义，由此不断地更换我们的问题意识，开拓新的研究领域，从而将中国近代思想史研究不断引向深入。

关于清史编纂体裁体例问题的一点思考[*]

关于清史编纂的基本原则,应以《清史编纂体裁体例调研大纲》第 1 条为宜;《大纲》所列第 2、3、4、5 条则应作为实现第 1 条原则不可或缺的具体要求。

为实现清史编纂的基本原则和要求,纂修体裁必须创新,以《大纲》第 5 条为宜,而不应拘泥传统的纪传体。一则传统纪传体体裁的局限和弊端,近代以来学界多有检讨、反省,21 世纪所修清史自然不能再落窠臼,停留在传统纪传体体裁上,作茧自缚。再者,清朝历史在许多方面有别于此前各朝历史,尤其至 1840 年之后,清朝历史愈来愈与世界融为一体,遇到一系列中国历史上前所未有的新问题,它们已非传统纪传体体裁所能容纳和揭示。如传统体裁中的《食货志》系记一朝之财

---

[*] 此文为 2003 年参加《清史编纂体裁体例调研大纲》座谈会的一个发言稿。

政经济（按《汉书·食货志上》曰："《洪范》八政，一曰食，一曰货。食，谓农殖嘉谷，可食之物；货，谓布帛可衣，及金刀龟贝，所以分财布利，通有无者也。"），而《清史稿》中的《食货志》下分户口、田制、赋役、仓库、漕运、盐法、钱法、茶法、矿政、征榷、会计，而没有将近代银行、企业以及其他相关的经济法规纳入其中，铁路、航运则另列《交通志》；并且，即使在一些反映近代经济内容的子目中，也不能全面地揭示其演变及发展趋势。有鉴于此，有些学者提出将志改为专史的方法是可取的。当然，作为21世纪所修大型清史中的专史也应与目前学界流行的专史有所区别：一是它应以客观叙述为主；二应借鉴白寿彝主编《中国通史》方法，在每一专史之前，设一"序说"，介绍与本专题研究有关的资料情况，总结以往的研究成果及存在的问题，说明撰述要旨和编撰上的问题。这样，不但使所修专史更符合学术规范，同时也可杜绝拼凑之作，确保所修专史的质量，并且可为后人进一步研究提供线索。

关于清史编纂的文体，应以精练的学术体白话文为宜。每一时代都有每一时代的文体，中国的文体演变至今，白话文已为通用文体，既然为今人修史，便应用现代文体，而不宜仿古，脱离时代。再者，文言文固然精练，但恐怕很难表达晚清中国社会、政治、经济和思想文化等领域出现的许多新事物、新概念，即便是浅易文言文也会遇到此一问题。在这方面，早期近代启蒙思想家们在移译和传播西学过程中所遭遇和经历的尴尬，可为殷鉴。精练的学术体白话文与一些专家所说的浅易文言文虽尚有距离，但已相去不远。所谓精练的学术体白话文，它至少须达到以下两个要求：首先它为书面语，与口语化的白话文有别；其次它为学术体白话文，与一般的小说、杂文等文体的白话文有别，文字表达注重准确、简练，应做到无一句可删，无一字可改。

在纪念滦州兵谏和滦州起义
100周年会上的发言

各位领导、各位专家:

上午好!很荣幸有机会参加今天的学术座谈会。刚才两位教授对滦州兵谏的历史过程及后人的评价做了很好的报告。我这里就滦州兵谏的历史意义谈些个人看法。

滦州兵谏发生在武昌起义爆发之后的第17天,与南方武昌起义遥相呼应,可以说南有武昌起义,北有滦州兵谏;滦州兵谏是另一种形式的武昌起义。兵谏不同于士人的上书、请愿,由于军人拥有枪杆子,兵谏实际上具有向清朝政府发出最后通牒的意味,其产生的政治影响和效果不亚于南方军队宣布独立或起义,并且一定程度上起到了南方新军起义不能起的作用,产生了立竿见影的效果和影响,动摇了清政府的统治权威,不但具有全国性影响,而且具有国际影响力。在当时,对于南方宣布起义、独立的省份，清朝政府还以合法政府身份，调派军队镇压，行使政府的权威性；而对于发生在肘腋之下的滦州兵谏，清政府惊慌失措，第二天便颁布罪己诏，承认用人不当，治理国家无方，同时发布数道上谕，承诺取消内阁暂行章程，待大局稍稳定，即组织完全内阁，不再以亲贵充任国务大臣，并将宪法交资政院审议颁布，开除党禁，赦免政治犯；11月3日，即颁布19信条，宣布废除皇族内阁，实行英国式君主立宪制度。清政府在滦州兵谏压力下所采取的这些行动，彻底暴露了清政府的无能、虚弱和恐惧，不但在全国人民面前丧失权威，而且在国际上也丧失权威。当时，一些国家的驻华公使在向本国的报告中就指出，清政府的这些举动，表明清政府统治气数已尽，由此直接影响了一些列强对清政府的态度，如不倾向再向清政府提供财政贷款。我个人认为，滦州兵谏的历史作用要大于稍后的滦州起义，滦州起义实际上是滦州兵谏的继续，用"兵谏"一词丝毫不影响其在辛亥革命中的地位。

滦州兵谏的另一政治效果是，在当时直接促使袁世凯改变观望态度，立即出山收拾时局，从而加速了清朝政府的权力更迭和灭亡。滦州兵谏发生在京畿地区，是清朝统治权力中心，兵谏的部队都是原来袁世凯训练的北洋军，如让滦州兵谏发展下去，袁世凯就会失去出山的大好时机，将无法掌控局面。因此，兵谏发生后，袁世凯很快出山，出任内阁总理，解除兵谏领导人张绍曾、蓝天蔚的兵权，暗杀吴禄贞，稳定北方政局。

袁世凯的出山组阁，加速了清朝政治权力的转移。在袁世凯组阁后不久，摄政王载沣就宣布辞职，1912年2月12日清廷即宣告清帝退位。在这一历史过程中，滦州兵谏也从侧面发挥了作用。

就滦州起义的政治意义来说，在于它发生在南京临时政府成立前夕，它公开提出建立民主共和国家的主张，有力地声援和支持了1912年1月1日成立的孙中山领导的南京临时政府，以及南方革命政府在南北和谈中提出的民主共和要求。同时，滦州兵谏对全国各地反清活动同样起到了表率的作用。在滦州兵谏与武昌起义的相互影响下，各省纷纷宣布独立，大大加速了清王朝的灭亡进程。

正是滦州兵谏和滦州起义为推翻清朝统治做出了重大贡献，孙中山及以后的南京国民政府对参与者多加嘉奖。1912年3月17日孙中山在《悼吴禄贞》的悼词中即对滦州兵谏和滦州起义给予崇高的评价，称："滦州大计，石庄联军，将犁虏廷，建不世勋。"1936年，南京国民政府颁发《优恤滦州殉难诸烈士明令》，也对滦州起义历史意义给予高度肯定，认为"辛亥光复，发轫于武昌，而滦州一役，实促其成"。因此，在纪念辛亥革命100周年之际，滦州兵谏和滦州起义的历史意义和丰功伟绩，同样值得我们很好总结和纪念。

在祝贺耿云志先生七十华诞座谈会上的发言

再过七天,便是先生的七十华诞。我十分荣幸能参加由中国现代文化学会和中国近代思想史研究中心组织的祝贺先生七十华诞的座谈会。我想,我们这一批后学今天在这里祝贺先生的七十华诞,这与先生多年来在学术上给予我们的滋养是直接相关的。因此,请允许我就先生的学术贡献,扼要地谈些我个人的体会。

现在,学术界都知道先生是中国近代思想史研究领域的专家,其实,先生的研究领域是十分宽广的,并不局限于此。早在20世纪80年代初,先生就在有关刊物发表《论清末立宪派的国会请愿运动》《论清末立宪派与谘议局》等很有影响的论文,重新评价立宪派在晚清历史上的作用,认为立宪派在当时中国并不是阻碍社会进步的反动力量,而是一股推动社会进步的政治力量,立宪派的国会请愿运动不是维护清朝专制统治的反动运动，而是一场群众性的、爱国的资产阶级民主运动，客观上加速了清朝封建专制统治的覆灭。这些观点，在今天看来已属平常，算不上什么新见解了，但在20世纪80年代初期学术界思想解放还刚起步的时候，率先打破了"革命史观"的教条主义，对我们重新评价中国近代历史上的革命与改良，起到了探路的作用。其学术价值，是不言而喻的。

作为中国近代思想史研究领域的专家，先生的贡献也是多方面的。先生是国内最早正面并全面、系统研究胡适的学者，是国际学界公认的胡适研究专家。由于胡适在中国近代思想史上的特殊地位，先生的胡适研究，其学术价值不只为胡适个人翻了案，而且引发和推动了国内学界对中国近代思想史上一系列重大问题，诸如自由主义、实验主义、东西文化之争等问题的重新思考和评价。另外值得指出的是，除了胡适研究，先生还对孙中山、梁启超、蔡元培、傅斯年等思想人物，以及晚清思想史和五四新文化运动也做过深入的研究，发表过一些很有影响的论文和著作。先生的中国近代思想史研究，有一个显著特点，那就是既有历史学家的实证考察，又不乏思想性，富有哲理；既有同情的理解，又不乏公允的评判。我想，这大概与先生大学哲学系毕业所受的理论和思辨的训练有着密切的关系。

对于中国近代思想史中的民主问题，先生也有他独特的研究思路和见解。先前研究这一问题的著作，往往将民主思想与民主政治制度的实践分开讨论，而先生主编并参与撰写的《西方民主在中国》一书，则将近代中国人民对民主的认识与民主制度的建构结合起来研究，从而对近代中国民主化进程的总体特征及其失败的原因做了很有意思的总结，指出近代中国民主化进程的最大特点是，近代中国对民主政治的认识与实践不同步，一方面中国人民对民主政治的认识随着时间的推移不断深化，但另一方面民主制度在实践层面自民初袁世凯解散国会之后却"越来越表面化，越来越虚化，越来越有名无实"；认为近代中国未能建立民主制度，原因并不是从前人们常说的那样，是由于中国人想照搬西方的民主制度，所以必定失败，而在于"始终未曾找到足够支持它的优势的社会力量"以及民主力量自身存在的各种失误和弱点。先生的这一发现和论断，是很值得我们警醒和反思的。

先生另一部正在出版的著作《近代中国文化转型研究导论》，既是先生多年从事中国近代文化史研究的一个总结，也是中国近代文化史研究中的一个最新成果。在这部著作里，先生从宏观的角度，对自明末清初至20世纪初一二十年代新文化运动期间中国文化向近代转型的轨迹过程做了系统的勾勒和叙述，对近代中国文化转型中遭遇的问题做了深入的探讨，对近代中国文化转型中政治变革与文化转型的关系做了实事求是的辩证分析，最后，对近代中国文化转型的发展方向提出新的见解。在这个问题上，以往的研究一般都将"民主"与"科学"作为近代中国文化的核心及发展趋向，先生则提出"世界化"和"个性主义"才是近代中国文化的核心和发展方向。先生的这一观点显然更符合中国近代文化发展的实际情况，更具有指导意义。

先生除了以自己的学问惠泽我们这些后学，还为推动中国近代思想史学科的建设做了重大贡献。思想史研究室为先生亲手创立，当初只是课题组。现在，思想史研究室为我们院里第一批重点学科，人才济济，成绩卓著，是一个很有战斗力的团队，在国内学界也有很高的声誉。我想，这一切与先生善于发现人才、爱惜人才、提携人才、聚拢人才，有着直接关系。

以上是我祝贺先生七十华诞的一些感言，在座各位多数为先生的及门弟子，一定比我有更多的感言，我的发言就到这里。最后，祝先生老当益壮，继续带领我们在学术研究上做出更多新的成果。

祝贺《北京档案史料》创办三十周年 *

很荣幸来参加这次会议。三十年来,《北京档案史料》不管形式如何变化,始终是一份很有价值和特色的史学连续出版物,这主要体现在三个方面。

一是资料性。《北京档案史料》发布的资料不但推动了北京城市史的研究,对研究中国近现代历史也有很大的帮助。这是由明清以来北京作为全国政治和文化中心这一独特地位所决定的,是国内其他各省市档案馆无法企及的。而这就决定了《北京档案史料》发布的资料不但具有地方性价值,同时也具有全国性价值;不但研究北京地方史的学者须臾不可少,即使是研究中国近现代史的学者也要加以利用。并且,《北京档案史料》每辑发布的资料都不是简单地影印,而是经过专家精心整理点校后发布,这实际上是个硬功夫,便于史料更好地为研

---

* 原载《北京档案史料》2016年第4辑。

究者利用。这也是《北京档案史料》所做的一件特别有价值和意义的工作，惠泽后人。

二是学术性。除了有选择地推出许多珍贵的档案资料外，《北京档案史料》还始终秉持档案、史学不分家的传统，每辑都发布一些史学论文。它发布的论文固然偏重与北京有关的历史，但又不完全囿于北京地方史，有不少是中国近现代史上的重大问题。有些选题虽然研究的是与北京有关的历史，但往往也是具有全国性影响或意义的。《北京档案史料》发表的学术性论文，数量虽然不像一些专业史学期刊那么多，但选题很有自己的特色，其中有些论文的学术价值并不亚于有些专业刊物的文章。但因为不是核心期刊，有些好文章不被其他刊物转载，不能得到很好的推广，这一点是很遗憾的。

三是知识性。除了资料性和学术性，《北京档案史料》还不时发表一些介绍北京历史沿革和人物的文章或访谈，涉及北京的胡同、寺庙、王府、老字号等，以及有关皇城方面的知识，这些都是很有自己特色的。

一点想法与期望。刚才梅佳处长和冯老师都谈了定位问题，我觉得定位问题确实是很重要的。我们要为政府决策服务、为学术研究服务、为大众服务，但作为一份档案与历史类的连续出版物，我们的服务方式与其他的出版物、传媒应该是有所不同的，要以我们历史学特殊的方式来为现实服务。也就是说，无论内容还是形式，都要与现实保持一定的距离，不要做得太花哨，还是平平淡淡最好，这就是《北京档案史料》的特色。如果我们也像街头历史刊物那样大众化，那就不是一份历史档案类连续出版物了。

值此创办三十年之际，真诚祝愿《北京档案史料》继续保持传统特色，甘于平淡，坚信只有传统才是经典的。

在2017年近代史系研究生迎新会上的发言

首先,祝贺各位同学有机会来中国社会科学院研究生院和近代史研究所学习和工作。中国社会科学院是我国社会科学研究领域最高学术机构,而近代史研究所成立于1950年,是社科院最早成立的一个研究所,她的前身为1938年在延安建立的马列学院历史研究室,有着深厚的学术底蕴,一直以来是国内中国近代史研究的一个重镇,曾聚集了一批研究中国近代史的大家,如范文澜、刘大年、黎澍、李新、罗尔纲、蔡美彪、王庆成、余绳武、丁名楠、张海鹏、耿云志、杨天石、陈铁健等。

今天在座的各位老师,也都是学界很有影响的学有素养的专家学者。还有,目前国内知名高校的一些有名的研究中国近代史的学者,其实不少也曾长期在本所工作,有些还是本所培养的博士生或博士后,他们都是在本所成名成家之后,被高校高薪挖走的。近代史研究所，可以说是国内近代史学界的"黄埔军校"。

因此，能来这里学习和工作，是十分难得的机会，我们应充满自豪之感。自豪感所激发的认同感和责任感，在任何地方都是我们做好工作的一个重要精神源泉。

由于研究生院和近代史研究所的物质条件或者说经济待遇不如一些名牌大学丰厚，对有些同学来说，来到这里就学或工作可能不是你们的最优选择，而是你们的次优选择。在社会科学研究领域，社科院作为一个学术平台，与大学相比，肯定不逊色。社科院与大学的区别在哪里，蔡元培的话可以类比——中央研究院的研究成果是供大学教学之用。

我刚才讲的是为大家鼓劲的话，下面我要提醒各位同学的是，研究生院和近代史研究所与我们以前就读的大学的确有许多不同的地方，在某种程度上可以说，我们来到了一个新的陌生的学习和工作环境。33 年前我来研究生院时，就有这样的感觉，譬如，这里的校园文化肯定就不像大学那样浓厚，这里的学习和工作环境和方式也与大学不同，研究所与研究生院是分离的，我们的指导老师并不会都像大学那样，给你们开课。你们也不被要求给低年级的学生开课。这里的学习和工作，更多要求我们发挥自觉性和主动性，培养独立研究精神。如果我们自己不努力，不很好地计划，不很好地利用和珍惜时间，我们就很有可能懈怠，虚度时光。这种情况，我想诸位肯定已有所感受。因此，希望同学们尽快适应这里的环境，进入学习和工作状态。

最后，祝各位同学在研究生院和近代史所学习和工作期间精神舒畅，身心健康，德、智、体、美全面发展。用蔡元培的话来说，我们要有"狮子样的体力""猴子样的敏捷""骆驼样的精神""崇好美术的素养"和"自立""爱人"的美德。祝各位同学在收获学业的同时，也收获友情和爱情。

在"当代中国学术史丛书"
出版座谈会上的发言 *

尊敬的各位领导、各位专家学者好:

很荣幸作为"当代中国学术史丛书"作者之一参加今天上午的座谈会。刚才各位领导和专家做了精彩讲话和发言,个人受益良多。下面结合个人写作,就丛书出版的学术价值和意义谈三点感想。

中国社会科学出版社出版的"当代中国学术史丛书",整合本院多个研究所的力量,做了一件任何一个单独研究所或大学不能完成的事情,嘉惠学林,功德无量。可以说,整合本院科研力量,做一些大学或其他科研机构学者无法做的事情,这正是本院的一个学术优势。我个人早年从事过蔡元培研究,记得蔡元培在主持中央研究院时曾说过这样一句话,大意是中央

---

* 2019 年 11 月 29 日于中国社会科学出版社。

研究院与各大学的区别就在于，研究院要从事一些大学不能从事的科研工作，中央研究院的成果是为各大学的教学提供参考。我想，这套丛书的出版就有这样的作用，开了一个好头。其实，本院和历史研究院作为国家级研究机构，如能整合本院各所力量，可以做许多大学和学术机构无法从事的研究，可以回答或解决许多重大理论和时代问题，是大有可为的。在此，特别感谢中国社会科学出版社赵剑英社长独具匠心，组织出版这套学术史丛书。

第二个感想是，座谈会邀请函上说，出版这套丛书，是践行习近平总书记"5·17"重要讲话，加快构建中国特色哲学社会科学学科体系、学术体系和话语体系建设的一项基础性工程。我个人对这句话有强烈的共鸣，认为这绝不是一句空话，具有很强的针对性和现实感。以中国近代史研究来说，中外学界的学术交流存在明显不对称和不平衡。国内学界比较重视欧美学者的研究，一部分学者甚至唯国外学者马首是瞻，盲目崇拜国外的各种研究范式和理论，对外国学者的译著大加追捧，轻视和忽视国内学者的研究，丧失学术自主性。而欧美学者虽然重视中文史料的利用，但对中国国内学界的研究状况往往十分隔膜，不重视或轻视中国的学术。我个人认为，中国社会科学出版社组织专家学者，出版"当代中国学术史丛书"，对于改变这种偏颇情况是具有积极意义的，有助于提高当代中国学术的主体性，并让我们更清楚认清当代中国的学术道路是如何走过来的，现在又处于一种什么状况，存在什么问题，未来中国学术道路的方向在哪里。换言之，回答我们的学术道路从哪里来，将来要到哪里去。当然，我这样说，并不是反对中外学术交流，反对借鉴和学习国外的学术研究，而只是说，我们研究中国历史，研究中国问题，总不能丧失主体性。

我要说的第三点，是就《当代中国晚清政治史研究》一书的写作向大家做简单的介绍。为撰写这部学术史著作，我们前后花了5年时间，检索和阅读了数千篇论文、数百部著作。在梳理学术史过程中，我们发觉，只讲新中国成立以来的国内晚清政治史研究，还不能说清其源流，因此，对新中国成立之前的研究进行了追溯，放在引言里。新中国成立之前，晚清政治史研究的一个基本情况是从属于清史和中国近代史两个不同学科，但比较而言，晚清政治史在中国近代史学科之下受到的重视和研究成果又要胜过清史学科。用一个形象的比喻，晚清政治史在中国近代史学科中处于"虎头"位置，在清史学科中则处于"蛇尾"位置。并且，在清史学科内形成三个不同学术流派：一为以《清史稿》为代表的清朝遗老派；二为以萧一山《清代通史》为代表的民族革命派；三为以孟森的《清史讲义》为代表的学术派。在中国近代史学科下也形成两个学术流派：一为以陈恭禄、蒋廷黻等资产阶级学者为代表的现代化叙事体系；二为以李鼎声、范文澜、胡绳等马克思主义学者为代表的革命史叙事体系。它们构成了新中国晚清政治史研究的源流。

新中国成立之后,国内晚清政治史研究大致经历了四个发展阶段。由于时间关系,这里就不做具体介绍了。

在梳理学术史过程中,我们一方面感受到学术的进步,但同时也感受到我们学术研究中还存在的一些问题和隐忧。其中,最令人忧心、伤心的是,我们的学风和文风似有倒退之虞。但这不是一个适合在这里讨论的话题。我的发言就到这里,谢谢大家!

近代史研究为何需要多元视野 *

各位朋友，下午好！首先感谢所青年读书会安排这样一个报告会，让我与广大青年朋友有这样一个交流的机会，但同时我也十分惶恐，担心耽误大家的宝贵时间。在大数据信息化时代，青年朋友在获取知识方面的能力，远比我强大。报告一些个人发表过的东西，实在是浪费大家时间。因此，在去年底兵兵与我联系此事时，便未敢贸然应允，一直延搁至今；并且今天的报告会也只是一个交流会，没有准备讲稿，只是与广大青年朋友谈些个人研究和人生感悟。交流的题目为《近代史研究为何需要多元视野》。

在讨论这个话题之前，我首先要强调一下，"多元"就意

---

* 此篇为2022年2月23日我在中国社会科学院近代研究所青年读书会第137期报告会上的报告，根据马维熙同学撰写的并经我本人修改审定的会讯报道及报告内容整理，所举事例和阐发，本文一概不记，只记大要。

味着包容，因此，强调多元视野，并不否定其他视野或排斥其他研究，各种视野的研究都有它们的价值。事实上，其他时段的历史研究也需要多元视野，之所以说中国近代史的研究需要（或曰更加需要）多元视野，在于近代中国历史较古代农耕社会历史更为复杂多变，具体表现在以下几个方面：第一，这一时期中国政治、经济、社会、思想和文化变化之快之大，是中国历史上前所未有的；用110年的历史，走完了近代欧洲资本主义数百年的历史。第二，这一时期中国政治、经济、社会、思想和文化的联动性及相互影响，是中国历史上前所未有的。第三，近代中国在由传统向近代快速转化过程中并没有形成一种单一的社会形态和国家形态，始终充满多面性和不平衡性，社会形态和阶级关系的复杂性是中国历史上前所未有的。第四，近代中国所经历的屈辱及在世界历史中的地位一落千丈，是中国历史上不曾有过的。第五，西方国家对中国社会的影响，是中国历史上前所未有的。第六，近代中国历史同今天的中国有着更为广泛的直接联系，这也是古代中国历史无法比拟的。

提倡多元视野，也是为了在历史研究方法上破除既往中国近代史各种研究范式的窠臼与束缚。受西方史学和各种理论的影响，中国近代史研究存在各种范式和理论，诸如革命史范式和现代化范式、"冲击—回应"范式与"中国中心观"取向、"社会—国家"范式与"市民社会"理论、跨国史研究和全球史观、后现代主义史学等。这些研究范式和理论，固然为研究近代中国历史提供了一种新的分析工具和新的视角,从不同方面丰富和深化了中国近代史研究,并带来历史叙事的变革,但每一种范式都有其封闭性、排他性和局限性,都不足以反映近代中国历史全貌,并导致研究趋于模式化,选题和观点趋同。强调多元视野,就是为了吸取各家之长,克服既往各种研究范式带来的弊端,回归更全面更真实的历史。

而从历史哲学的高度来说,提倡多元视野,更加符合马克思辩证唯物主义和历史唯物主义。马克思主义哲学关于物质是第一性的、意识是第二性的,关于实践和认识的辩证关系,关于事物发展的对立统一规律,关于生产力与生产关系、经济基础与上层建筑和意识形态相互关系和作用的理论,关于历史偶然性和必然性的观点,都要求我们在历史研究中不能采取片面的、静止的和孤立的形而上学思维方式,而要从全面的、发展的和联系的角度看问题,也就是多元视野。在这里要强调一下的是,在西方各种学说和理论中,个人以为还是马克思的辩证唯物主义和历史唯物主义对我们的研究最有指导意义,并且对于我们认识世界、改造世界都具有指导意义。马克思迄今还是西方公认的最伟大思想家之一。辩证唯物主义和历史唯物主义揭示了人类社会的许多真理,而真理往往是朴素的;我们不能因为它们朴素而予以排拒和放弃。

再者,提倡多元视野,也能更好发挥史学的功能和价值,不但可以帮助我们获取更多知识,提高我们判断和预见未来的能力，汲取更多历史智慧，避免重犯前人的错误，而且还可提高我们的人文修养，陶冶情操，丰富人生阅历，甚至通过史学的研究，使我们的人生长度超越我们的生命周期。要之，史学不只是一门职业，同时也是一项事业和一门助益人生的学问。史学是一门"无用之用"的大学问。

最后，关于如何培养多元视野、提升我们的研究能力，成为一名"天圆地方"的学者，个人以为，首先要做到五个统一：学与思的统一、博与专的统一、微观与宏观的统一、"出世"与"入世"的统一、理论与史学的统一。另一方面还要具备批判精神、独立精神、求真精神。需要强调一下的是，这三种精神是一个有机统一的关系，没有独立和求真精神，也就不可能有真正的批判精神。尤其在网络化和自媒体时代，批判精神如果不以独立精神和求真精神为前提，很可能流于伪批判。这是需要我们加以警惕的。并且，我们还要有更高的要求，批判精神不只是拿手电筒照人，更要有自我批判和自我否定的精神。根据我个人的体验，这一过程既是孤独、痛苦之旅，也是自我升华和快乐之旅。在现实社会中，要坚持独立精神和求真精神，这是很难做到的，但我们至少要守住做人底线，不做违背良知的违心事。

我的发言就到这里，谢谢主持人云妍及参会的各位朋友！

加强政治精英人物研究 *

人是历史活动的主体，因此，历史学离不开对人物，特别是精英人物的研究。诚如著名历史学家钱穆所说："历史是人事的记录，必是先有了人才有历史的。但不一定有人必会有历史，定要在人中有少数人能来创造历史。又且创造了历史，也不一定能继续绵延的，定要不断有人来维持这历史，使他承续不绝。因此历史虽说是属于人，但重要的只在比较少数人身上。历史是关于全人群的，但在此人群中，能参加创造历史与持续历史者，则总属少数。……故要研究历史，首先要懂得人，尤其需要懂得少数的历史人物。如其不懂得人，不懂得历史人物，亦即无法研究历史。固然也有人脱离了人和人物中心而来研究历史的，但其研究所得，将总不会接触到历史之主要中

---

* 本文为《政治精英与近代中国》后记，该书由中国社会科学出版社2013年出版。

心，这是决然可知的。"(《中国历史研究法》，生活·读书·新知三联书店2001年版，第93—94页）这就是我们举办这次"政治精英与近代中国"国际学术研讨会的一个重要出发点。

"政治精英与近代中国"国际学术研讨会于2012年4月21—22日在美丽的杭州西子湖畔举行，共有来自法国、日本、韩国、新加坡、中国80余位专家学者应邀与会，收到论文60余篇。这些论文涉及晚清和民国两个时期的历史人物，研究风格迥异：既有对个别精英人物的研究，也有对某领域精英群体的研究；既有正面人物，也有反面人物，或为中性人物；既有研究历史人物事功的，也有研究历史人物个人生活的；既有研究历史人物思想道德的，也有探讨历史人物研究之方法的。从这些论文中，我们编选50位学者的论文，大体根据历史人物年代的先后及论文的主题和内容，略做分类，结集出版。而需要指出的是，由于各种原因，可能有些该收录的论文未能编入，或编排有不当之处，谨请各位专家学者和读者批评指正。

此次国际学术研讨会得以成功举办，首先要感谢中国社会科学院国际合作局和近代史研究所及科研处诸位领导的大力支持，将本次会议列入本院2012年度"社科论坛"予以资助。其次要感谢杭州师范大学"浙江省民国浙江史研究中心"与我们合作承办会议，并具体负责会议接待工作。当然，我们也十分感谢各位拨冗与会的专家学者；没有他们的智力合作，此次会议就不会有这样的学术高度，并开得如此精彩。

会议论文集得以出版，则要感谢中国社会科学出版社赵剑英社长和历史与考古出版中心主任郭沂纹女士及夏侠女士的大力支持；同时也感谢马忠文、邱志红和任智勇参与了论文的编校工作。在编辑过程中，我们对部分论文作了一些文字删改或技术性处理，如有不当之处，亦请各位作者见谅。

我们期待本论文集的出版，能有助于推动中国近代历史人物的研究，能有助于我们接触到"历史之主要中心"。同时，我们也衷心希望我们的工作能继续得到学界各位朋友的帮助和支持，大家共同推动中国近代史学科的繁荣和发展。

正确看待会议论文集[*]

光阴荏苒，自2007年出版《晚清史论丛》第一辑《晚清国家与社会》，弹指间已过去10年。在过去的10年里，中国社会科学院近代史研究所政治史研究室为推动国内晚清史研究，每两年举办一次晚清史研究国际学术研讨会，累计已举办五届，或与兄弟单位合作举办，或独立举办，先后在苏州、承德、湘潭、北京、杭州等地举行，并出版会议论文集《晚清史论丛》共五辑。除第一辑《晚清国家与社会》，其余四辑分别为《晚清改革与社会变迁》（2009）、《湘淮人物与晚清社会》（2011）、《清代满汉关系研究》（2011）、《晚清政治史研究的检讨：问题与前瞻》（2013），均由社会科学文献出版社出版。另外，2012年在浙江杭州举行的第五届晚清史研究国际学术研讨

---

[*] 本文原为《清末新政与边疆新政》后记，写于2017年8月5日。该书由社会科学文献出版社2018年出版。

会的会议论文集《政治精英与近代中国》(2013)，因获院经费支持，纳入"中国社会科学论坛文集"系列，由中国社会科学出版社出版。这些会议论文集的出版，促进了海内外学者的学术交流，在中外学界产生了很好的影响。

"清末新政·边疆新政与清末民族关系"暨第六届晚清史研究国际学术研讨会于2014年7月17—19日在兰州举行，共有来自美国、法国、日本、韩国、中国的70余位专家学者与会，收到论文55篇，内容涉及新政各项改革及清末边政思想、边防政策、新政在边疆、边疆民族关系及边疆新政与近代化等议题。从这些论文中，我们编选40位学者的论文，略作分类，结集出版。

需要指出的是，除了会议论文之外，法兰西科学院人文及政治学院院士巴斯蒂教授、上海社会科学院熊月之教授、华东师范大学茅海建教授、国家清史编纂委员会传记组组长潘振平教授、清华大学仲伟民教授、中国人民大学张永江教授、中国社会科学院近代史研究所党委书记周溯源研究员、中国社会科学出版社赵剑英社长等专家学者，还分别就如何深化清末新政史、边疆史和民族史的研究，以及如何看待和处理学术研究与现实政治关系问题，在会上进行了热烈的讨论，提出许多富有启发性的见解。不能将这些专家学者的精彩发言编入论文集，这不能不说是一个缺陷和遗憾。此外，由于各种原因，可能有些该收录的论文未能编入，或编排有不当之处，亦请各位专家、学者和读者批评指正。

本来，学术会议和会议论文是一项重要的学术活动及其内容，理应受到学界的重视，但由于现在许多国内大学和科研机构都不将发表在会议论文集的论文列入单位考核成果，这使得我们编辑出版会议论文集的工作遇到了不少的困难。尽管如此，我们坚信既然承认学术会议是一项重要的学术活动，那么，作为学术会议成果载体的会议论文集自然有其学术价值和意义，它不仅为各位学者提供了一个学术交流和发表成果的平台或载体，而且也是学术活动的一个重要历史记录。我们期待这一工作能继续得到学界各位朋友的支持和帮助，使之行稳致远、赓续不衰，永远闪耀学术之光。

《近代中国的多元审视》前言

"近代"是一个时间概念,但它是一个动态的模糊的时间概念。按其字面含义或在中国古典文献中所用的含义,"近代"系指距本朝代不远的一个时代。据此,对于不同朝代的历史学家来说,"近代"概念有着不同的指称。对于汉代的司马迁来说,春秋、战国和秦朝历史可能是他心目中的近代史;而对清朝人来说,大概明朝是他们的近代史。而作为舶来品和现代意义上的"近代"一词,不只是一个时间尺度,同时也是一个价值尺度,有其特定的内涵和指称。所谓"近代",指的就是资本主义时代的历史。因此,在西方的历史学里,通常多将15、16世纪以来至20世纪40年代的历史,划入近代史范畴。与"近代"相对应的,是一个社会形态。

关于近代中国历史的起讫时间,虽然有主张以明末清初为起点,以1919年五四运动为讫点的,但学界的主流观点和做法，是以1840年鸦片战争前后至1949年新中国成立这段时间，作为中国近代史的范畴。应该说，后一历史分期是比较合乎中国历史发展情况的。虽然明清之交随着欧人东渐，西方的一些器械及宗教和学术思想开始输入中国，但这一时期的中西交汇是初步的、短暂的，影响是十分有限的，中国社会并未出现重大异动，仍是中国古代历史的延续，没有发生明显质的变化。换言之，明清之交的中国历史，与西方历史的发展并不同步。而1840年鸦片战争之后的中国历史则不同，这场由英国发动的战争将中国强行卷入国际资本主义体系。在随后的110年里，中国社会在许多方面都表现出既不同于既往中国历史也与近代欧洲国家有别的特点，发生明显的质的变化，形成一种独特的社会形态和国家形态。

与秦汉以来的中国古代历史相比较，近代中国历史发展的一个特点是这一时期中国政治、经济、社会、思想和文化变化之快和之大，是中国历史上前所未有的。相比欧洲中世纪历史，中国历史在许多方面都比欧洲国家早熟，自秦汉进入郡县社会以来，中国历史就进入了一个超稳定状态。虽然随着时代发展，中国的社会、政治、经济和思想文化也发生过一些变化，但这种变化是十分缓慢和不明显的，传统中国社会基本上是一个静态的社会，以致18世纪之后许多欧洲思想家站在近代西方中心论的角度，将中国古代历史看作完全处于停滞状态，排除在世界历史之外，如德国哲学家黑格尔在《历史哲学》里就认为"中国虽然有各个朝代之间的更替和转变,但却始终没有什么变化,不过是一个王权代替了另外一个王权而已。一种亘古不变的东西代替了一种真正历史的东西,因此可以说,中国和印度还处在世界历史的外面,它们自身没有变化。它们只是期待着一些因素,如果这些因素能够被纳入这些古老的帝国之中的话,它们才能得到活生生的进步"[1]。而近代中国历史则不同,虽然只有短短 110 年时间,但历经晚清、北洋政府和南京国民政府三个历史时期,走完了近代欧洲资本主义数百年的历史。以近代中国政体来说,它以晚清 70 年的历史,终结了中国延续 2 000 余年的君主专制制度,于 1912 年在亚洲宣告成立第一个民主共和政府。以生产方式来说,中国古代自给自足的自然经济趋于瓦解,近代资本主义生产方式开始产生,近代西方的各种物质文明快速传入中国,从坚船利炮到电灯电报,从火车、汽车到飞机,从洋布、洋皂到洋油、洋火柴,令人应接不暇。近代中国社会思潮的演变也同样急速,从清朝中叶嘉道年间的经世思潮到咸同年间的洋务思潮,从 19 世纪末的维新思潮到 20 世纪初的革命思潮,再到新文化运动前后各种主义的蜂拥而入,在短短不到 100 年的时间里上演了西方社会数百年所走过的思想历程。总之,近代中国走在由传统社会向近代社会转变的快车道上,这是中国古代历史不曾有过的现象。

---

[1] [德]黑格尔:《黑格尔历史哲学》,潘高峰译,九州出版社,2011,第 219—220 页。

近代中国历史的第二个特点是社会形态的复杂性，这也是中国历史上前所未有的。由于近代中国社会不是内部自然演化的结果，而是被外来西方国家强行拉入资本主义体系的，同时也由于中国的幅员辽阔，近代中国在由传统向近代快速转化过程中并没有形成一种单一的社会形态和国家形态，始终充满多面性和不平衡性。无论是经济形态和社会形态，还是意识形态和国家形态，都是新旧杂陈的。以经济形态来说，既有广大内陆地区的传统的小农经济和游牧经济，又有沿江沿海地区的近代资本主义经济。而在近代资本主义经济中也是多种成分并存，既有民族资本，又有外国资本；既有买办资本，又有官僚资本。与经济形态相对应，近代中国社会也是多元的，既有广大传统的乡村社会和游牧社会，又孕育出诸如上海、广州、青岛、汉口、成都这样的近代都市社会。同样，近代中国社会的阶级状况也特别复杂，资产阶级和无产阶级、地主阶级和农民阶级、奴隶主和奴隶、农奴主和农奴阶级等多个社会形态的阶级并存，并且每个阶级又有不同的社会阶层，各种社会矛盾犬牙交错。就意识形态来说，也是新旧杂陈，激进主义与保守主义并存，西化主义与国粹主义并存，进化论与复古主义和历史循环论并存，传统"大同"主义理想与近代社会主义思潮并存，等等，不一而足。就政体和国家形态而言，由于缺乏近代经济基础和阶级基础，1912年的共和政府只是昙花一现，很快陷入军阀官僚统治，近代中国不但始终没有建立起完整意义上的近代西方资产阶级民主制度，而且在帝国主义的侵略下，沦为一个半殖民地和半封建的国家。而近代中国社会发展的不平衡性，不仅体现在沿江、沿海开放地区与广大内陆地区的发展存在巨大差距，也体现在近代中国经济的发展和社会新生力量的成长远远滞后于近代中国政治和思想的变化。总之，近代中国社会恰似一个万花筒，多种社会成分并存，并充满不平衡性，这也是中国历史上未曾有过的现象。

与中国古代历史相比较，近代中国历史的第三个特点是在世界历史中的地位一落千丈。作为文明古国，中国在世界历史上曾长期处于领先地位，姑且不论汉唐盛世、宋元发展，在世界上享有美誉，备受尊敬，即使在18世纪世界已进入资本主义时代的时候，中国历史还出现过令人赞叹的"乾隆盛世"。在乾隆皇帝统治的61年里，传统中国社会发展到一个新的高度：统一的多民族国家空前巩固和发展，中国陆地总面积达到1 300多万平方米；[1]在文化方面，不但出版了四大名著之一的《红楼梦》和《儒林外史》，同时还编纂完成中国历史上最大的丛书《四库全书》；在科技方面，不但西方的钟表、望远镜、天文历法和数学等科学技术相继传入中国，同时中国的丝绸刺绣、金银彩器等传统工艺也被欧洲贵族视为至宝；在经济领域，人口持续增长，达到3亿左右，经济总量位居世界第一，

---

[1] 参见李治亭主编：《清史》下册，上海人民出版社，2002，第1116页。

国内生产总值占世界总份额的近 1/3。然而，中国古代社会的早熟和先进性及超稳定性也孕育了巨大的历史惰性和封闭性，断送了明清之交中国与欧美资本主义国家同步发展的机遇。事实上，所谓的"乾隆盛世"，无论是从中国王朝历史还是从世界历史来看，都只不过是中国古代传统社会和国家盛世故事的最后一道夕阳，"乾隆盛世"在 1793 年英国马戛尔尼（George Macartney）使团笔下，实际上已是一片"贫困落后的景象"，他们视"乾隆盛世"的中国人为"半野蛮人"。1840 年鸦片战争之后，在资本主义国家入侵面前，中国也由以往受人仰慕的"天朝上国"沦落为一个落后挨打、受人欺侮的"东亚病夫"，国际地位一落千丈，民族危机和社会危机空前严重。在近代中国的 110 年里，资本主义国家的入侵固然促进了中国传统社会的解体，给近代中国带来一些资本主义因素，但国际上的资本主义国家都不愿看到出现一个独立、统一、自由、富强的中国，都不愿平等对待中国，都力图把中国当作自己的附属国，当作他们国家的原料产地和商品销售市场，因此他们一次次单独或联合发动侵略战争，镇压中国人民的反抗，掠夺中国的领土和资源，勒索巨额战争赔款，控制中国财政和海关，破坏和践踏中国的行政和司法主权，把一个个不平等条约强加于中国，一步步把一个独立的中国变成一个半殖民地半封建的中国，使近代中国始终处于贫弱、分裂和不统一、不独立、不自由状态，任人宰割。近代中国在世界上遭受的屈辱是中国历史上不曾有过的经历。

与中国古代历史相比较，近代中国历史的第四个特点是同今天的中国社会有着更为广泛的直接联系，这突出体现在当代中国的发展道路是近代中国历史的一个必然选择，两者之间存在很强的历史连续性；同时，近代中国历史还在许多方面制约和影响今天中国历史的发展。例如在中国发展道路的选择方面，1840年鸦片战争之后的近代中国历史，本来与世界历史一样，面临一个资本主义化的过程。但由于国际资本主义国家的"先生"和"老师"们总是欺侮和侵略我们，不愿中国发展成为一个独立、富强的资本主义国家，同时也由于世界局势的发展及资本主义本身所暴露出来的种种弊端，近代中国最后选择了一条与近代资本主义国家不同的发展道路——经由新民主主义革命转入社会主义的发展道路，也就是今天中国所选择的发展道路。又如，近代中国历史既是一部备受欺凌、充满苦难的屈辱历史，同时也是一部中国人民反抗各种内外压迫、谋求民族和国家独立与富强的光荣历史。近代中国这段屈辱与光荣相交织的历史，既是一笔巨大的精神财富，也给我们留下巨大的伤痛。而在寻求救国救民道路过程中，近代中国人民所从事的反帝和反封建斗争，以及近代中国面临的经济现代化、政治民主化、民族独立与解放、文化世界化等历史主题，在不同程度上依然也是当代中国所面临的任务，并随时代的发展，赋予了一些新的不同的历史内涵。概而言之，当代中国是近代中国历史的一个发展，学习鸦片战争以来的近代中国历史，对认清今天的中国国情及发展道路有着特殊意义。诚如习近平总书记在致第二十二届国际历史科学大会的贺信中所说："中国有着5 000多年连续发展的文明史，观察历史的中国是观察当代的中国的一个重要角度。不了解中国历史和文化，尤其是不了解近代以来的中国历史和文化，就很难全面把握当代中国的社会状况，很难全面把握当代中国人民的抱负和梦想，很难全面把握中国人民选择的发展道路。"[①]

总之，近代中国与既往中国历史的不同之处，就在于它走出中世纪相对封闭、停滞的发展道路，被强行卷入国际资本主义体系之中，具有与既往不同的历史内容和主题，在许多方面与我们今天的历史息息相通。要认识这样一段变化快速和巨大、充满多面性和不平衡性、至今影响当代中国的近代中国历史，显然需要多学科的交叉研究，需要一种多元视角，需要各种不同学科和不同观点之间的相互碰撞，需要历史与现实的理性对话，需要历史与理论之间的相互验证。本书只是个人在学习近代中国历史过程中所做的小小探索和思考，沧海一粟，不奢望它能溅起微小的浪花，但愿它能成为我学术旅途中的一段雪泥鸿爪。

---

① 《习近平致第二十二届国际历史科学大会的贺信》，《人民日报》2015年8月24日第1版。

《近代中国的多元审视》后记[*]

本书收录的29篇文章,部分记录了我30年来在中国近代史研究领域走过的学术历程。其中,上篇收录的15篇文章,主要涉及晚清内政与外交,以及我个人对晚清史和中国近代史两个学科所做的一个比较宏观的思考。下篇收录的14篇文章,主要反映了本人在中国近代人物和思想研究方面所做的探索,既有专题论文,也有学术性书评。

针对本书需要做几点说明:第一,由于这些文章写于不同年代,发表于不同刊物,注释规范不一,现按新的要求加以统一。第二,根据本丛书体例要求,在辑录过程中不但对部分文章新加了小标题,还对个别文章的篇名和文字做了一些技术性处理。第三,如同每部学术著作一样,本书收录的每篇文章也都有它的写作背景和故事,其中许多记忆犹新、历历在目,若

---

[*] 此文写于2018年11月26日。

一一道来，过于冗长，兹不做具体交代。第四，在辑录过程中，尽管对有些文章内容或观点以及文字表述有不满意的地方，但为保留文章的历史原貌，均不做大的修改，诚请各位读者不吝指教。第五，值此论文自选集付梓之际，谨向在我学术成长过程中为我提供过各种鼓励、帮助和支持的各位师长、同事、亲友，表达我最真诚的谢意和祝福！

最后，本书的出版要归功于北京师范大学出版社谭徐锋君的倡议和策划。本书从书名到体例，都出自徐锋君的建议。徐锋君对学术和出版事业的热心，令人感佩，谨致谢忱！

《美国与晚清中国(1894—1911)》后记*

每部学术著作的诞生和出版,都有它的历史和故事。本书的写作最初源于20世纪90年代从事清末新政史研究,试图探讨列强与清末改革的关系。2001—2002年获哈佛燕京学社访学机会,便改以美国政府与清末新政关系做我的访学研究题目,对美方档案和文献资料做了广泛的搜集和阅读,由此奠定了本书的写作基础。2003—2008年师从熊月之先生攻读复旦大学历史学系博士学位,又以这个题目做了我的博论选题,并以这个选题申请了国家社科基金项目,将研究时段稍前移至1894年的中日甲午战争,于2012年通过结项。后因其他研究工作,一再耽搁,至年初杀青、付梓之际,距最初着手研究,已过20余载。蓦然回首,不胜感慨!

饮水思源,这部著作得以完成,首先要感谢张海鹏、耿云

---

* 2022年5月写于通州大运河畔。

志两位所长及张振鹍、陶文钊老师在我当年申请哈佛燕京学社访问学者中的鼎力推荐，同时也感谢哈佛大学杜维明教授、裴宜理教授、孔飞力教授的支持，感谢柯伟林教授慨然应允做我访学期间的指导老师。同样，亦感谢哈佛燕京学社各位工作人员提供的周到安排和服务，感谢哈佛大学各图书馆的开放和提供的便利，更感谢中国社会科学院近代史所图书馆工作人员在我30余年学术研究中提供的长期帮助。此外，还要感谢国家社会科学基金和中国社会科学院文库为本项目的研究和出版提供的宝贵资助；感谢社会科学文献出版社徐思彦等诸位领导的多年督促和编辑石岩的编校。最后，借此机会，向所有在我学术生涯中曾提供过热情帮助的中外学者和友人致以最真诚的谢忱和祝福！

令人遗憾的是，这部得益于中美两国友好关系的著作在付梓之际，中美关系正处于中美建交以来最低落、最艰难之时，又到了一个何去何从的抉择时期。在这一艰难和关键时刻，中国方面本着人类命运共同体思想，已提出中美构建一个"相互尊重、和平共处、合作共赢"的新型大国关系的倡议。不管美国方面最后如何界定中美关系，做出何种政策抉择，从历史和地缘政治角度来说，任何将中国排除在东亚和世界体系之外的政策，或将中国视为敌国或战略竞争对手的政策，都是有悖美国东亚和对华政策初衷的，既不符合中国利益，也不符合美国自身利益。试问一个与中国脱钩的亚太或印太政策何以称为东亚政策或亚太政策？一个将中国视为敌国或战略竞争对手的对华政策，如何能够符合美国的利益？为了重建面向未来的中美关系，中美亟待达成新的战略共识，期待中美两国学者为此多做有益工作，以自己的知识贡献于中美两国和人类社会的和平与发展事业！

解释晚清政治的另一密钥[*]

《江督易主与晚清政治》序

清朝不仅是中国历史上最后一个帝制王朝，同时亦是一个由少数民族入主中原、统治中国的王朝，并在嘉道之际遭遇三千年未有之大变局，政治和社会都处于剧变之中，出现许多前朝历史不曾有的现象，由此吸引了众多学人致力于晚清政治史的研究和阐释。韩策的这部新著别开生面，聚焦两江总督易主和东南权势的转移，为我们透视晚清政治提供了另一密钥，读来令人耳目一新，富有开创性。

督抚作为清朝地方最高军政长官，其设置既是清朝一个重要政治制度，也是清朝统治的基石。清朝入关统治中原之后，就沿袭明制，仿行督抚制度，至乾隆朝大致臻于完善，共

---

[*] 写于 2023 年 8 月。

设置总督八员，他们分别为：直隶总督、两江总督、闽浙总督、湖广总督、陕甘总督、四川总督、两广总督、云贵总督。除直隶、四川之外，每省又各设巡抚一员。由于其地位的重要性，督抚研究历来受到学界的关注。但迄今未有专门将某一地方督抚人事的任免与晚清政治结合起来加以研究的。韩策的这部著作可以说在这方面开了一个好头。并且，他选取两江总督作为研究对象，亦具有典型性。众所周知，两江总督管辖的江苏、安徽、江西三省，既是清王朝的财赋重地，也是人文荟萃之区，故有"理东南得人，则天下治"之说，地位仅次于直隶，并与直隶有着不同定位、功能和特点。因此，两江总督的任免历来都是政坛大事，受到各方的重视，尤其是自同治五年（1866）起两江总督兼管五口通商事务，授为南洋通商大臣，成为东南办理洋务交涉的首领之后，更是如此。就此来说，韩策这部著作的选题学术价值自不待言。

具体到两江总督，自顺治四年（1647）任命汉军正白旗马国柱为江督，至宣统朝最后一位署理江督张勋，有清一代出任（包括署理）江督的官员多达95人次。其中道光朝之前54人次，道光朝开始之后41人次。要对两江总督官员的每次任免都做考察，这将是一个十分浩大的工程，即使就晚清江督而言也是如此，并且可能亦无此必要。韩策这部著作的主旨不是考察每一江督的任免，而是要借此揭示江督易主和东南权势的转移。从这部书的内容来看，这一目的无疑是实现了。根据他的研究，晚清江督易主和东南权势的转移大致经历了三个阶段：一是道咸之际从八旗到湘楚的转移，其标志是总督人选在这一时期开始发生从旗人总督向汉人总督倾斜的转换，且尤以湘楚官员为多。二是同光年间"湘人江督格局"的形成，其标志是咸丰十年（1860）湘军统帅曾国藩出任江督，改变了清朝汉人督师（钦差）与督抚分开的惯例，开始可以文武合一。三是1900年庚子事变之后湘人江督走向终结，两江总督被北洋所取代，其标志是光绪三十年（1904）两江总督由北洋系的山东巡抚周馥南下署理，后由闽浙总督端方和两广总督张人骏继任。对于这一历史现象，前人虽零星有所论及，但始终语焉不详。韩策的新著首次在学界对这一现象做系统的考察和论述，这不能不说是这部著作的一个贡献。

历史研究除了向后人讲述历史曾发生的事情或现象之外，更要揭示这些历史现象是如何发生或形成的。韩策的这部著作对晚清江督易主和东南权势转移的历史背景也做了自己的探索，并纠正了以往一些似是而非的认识。根据他的研究，道咸之际出现的从八旗到湘楚转移的现象，既与清朝总督人事嬗变的总体趋势有关，嘉庆以降清朝总督人选就开始发生了从旗人总督向汉人总督倾斜的转换，也与湘人在道咸之际讲究经世致用思想大有关系，迎合了鸦片战争之后时代的需要。至于同光年间出现的"湘人江督格局"，主要肇因于朝廷有依靠曾国藩湘军镇压太平天国的需要和形势而促成。对于这段历史，凡是从事晚清史研究的学者大概都耳熟能详，韩策这部著作的贡献在于通过他的研究，告诉我们晚清"湘人江督格局"的形成远非以往学者想象的那样一帆风顺和简单、一蹴而就，并非在镇压太平天国之后的数十年中东南财赋之区"始终主由湘军屯驻"，而是有着一段曲折的历史。真实情况是：自咸丰十年（1860）曾国藩出任两江总督，直到光绪五年（1879）沈葆桢在两江总督任上病逝的二十年里，由于清廷的防范和疑忌，至少有十年时间两江总督并非由湘人担任，并且以出任两江总督的人数来说，湘籍江督仅有曾国藩和刘坤一两人，而非湘籍的江督却多达六人；只是在光绪七年（1881）之后左宗棠和曾国荃相继出任两江总督、光绪十六年（1890）刘坤一再任江督，才最终奠定"湘人江督格局"，并经受住了甲午战争、戊戌政变、庚子事变的考验。而之所以在光绪七年前后发生这一转折，是因为前一阶段清廷为控制东南财赋之区和防止曾国藩湘系势力坐大，在江督用人上采取了非湘非淮、先内治后洋务以及进士出身而非军功起家的"原则"；后一阶段一方面因为受中俄危机和中法战争形势的影响，同时也是清廷出于扶植东南湘系势力以制衡北洋的目的。至于庚子事变之后"湘人江督格局"走向终结，韩策的著作认为，主要肇因于甲午战后李鸿章北洋淮系失势，以及南洋湘系势力坐大，朝廷在庚子事变之后有意裁抑东南势力，扶植袁世凯北洋势力，改变"北轻南重"的局面，重新调和帝后、满汉和南北新旧关系，以加强中央对东南财赋地区的控制。要之，晚清江督易主的历史，始终交织着满与汉、中央与地方、南方与北方、湘淮之间和湘系内部各方的权力斗争，以及清廷对洋务新政与内治、科举与军功轻重的不同考量。通过以上的研究，就把晚清江督易主的复杂历史基本讲清楚了。

作为东南第一要缺，江督易主还必然会对晚清政局产生影响，这亦是韩策这部著作所要探讨的内容。根据其研究，1907年的丁未政潮也是受到了江督易主的影响。瞿鸿禨、岑春煊之所以在丁未年发起政潮，反对奕劻和袁世凯，表面批评他们引用私人，排拒异己，政以贿成，实则为岑春煊争取江督一职，抵制袁世凯北洋下南洋目的的实现。而这与当时清朝最高统治者慈禧太后的施政不相吻合，结果瞿鸿禨、岑春煊终被抛弃。韩策认为，清末湘人江督走向终结、北洋下南洋局面的形成，其后果和影响是恶化了南北关系，削弱了清朝的统治基础，导致南方再无善于用兵、声威素著的实力总督，最终影响了清朝对南方的有效控制。此外，韩策在书中还认为，甲午战后南北洋的人事变动亦对甲午至庚子年间的政局产生了深刻影响：在北方，甲午之后北洋李鸿章淮系势力的衰落"终至酿成庚子事变的悲剧"，甚至谓"倘若李鸿章早回北洋，义和团运动可能难以兴起，历史就很可能改写"；在东南，幸有刘坤一的湘人江督局面，从而保持了东南的稳定，庚子年的东南互保局面与此"密不可分"，甚至谓"缺乏刘坤一背后湘系军政势力及江南绅商的鼎力支持，东南互保就未必能够做成"。但这些观点惜其都未做深论。

每部学术著作的诞生都有其历史。韩策这部新著系在他的博士后报告《江督易主与清末民初政局》基础上发展而来，迄今已过去整整八年。八年前，当他与我商谈博后报告选题时，我即认为这是一个好题目，建议他不要仅仅局限于庚子年之后"北洋下南洋"的江督易主，也要考察前两次的江督易主，从中透视晚清政治变迁，并建议他先做一份完整的清朝入关之后两江总督人物年表。现在韩策的这部新著显然很好地完成了这一目标，体现了他宏观驾驭和综合分析问题的能力，以及对晚清历史人物和资料的熟稔。从选题到内容和资料，这部著作都是一部成功之作。因此，衷心祝贺韩策这部新著付梓出版！

但另一方面，江督易主与晚清政治毕竟是一个大题目，事涉晚清五朝七十多年历史，探讨的问题繁杂，作为开山之作，韩策的这部新著仍有待完善之处。讲晚清江督易主和东南权势的转移，显然不能仅仅聚焦于江督一人，而应对其辖境内的其他重要官员，诸如辖境内的巡抚、布政使、按察使、学政、驻防将军、提督，河道总督、漕运总督、上海道等重要官员及其相互关系一并进行考察，才能更加完整全面地反映江督易主背后各派政治势力的角逐及东南权势的转移。再则，关于江督易主和东南权势转移对晚清政局的影响，以及江督易主和东南权势转移的历史背景和意义等问题，也有进一步研究和推敲的余地。最后，就韩策这部新著涉及的晚清满汉关系、央地关系和南北洋关系问题，结合我个人的学习和研究，略谈浅见。

满汉关系始终是清朝入关之后一个绕不开、躲不过的问题。透过晚清江督易主和权势的转移，首先不难看到晚清满汉关系不可逆转地发生了深刻的变化。自道咸之际发生江督由八旗到湘楚的转换之后，作为江南第一要缺的两江总督便始终由汉族官员出任，其中又以湘淮官员为多，从1851年咸丰元年至1911年清亡的60年里，出任两江总督的满族官员仅有两人：福建将军怡良（1853—1857）、闽浙总督端方（1906—1909），以致形成江督非湘人不可的局面。这深刻反映了汉族官员在晚清的强势崛起，以及晚清社会政治军事所发生的巨大变革不得不把汉族官员推向历史前台，并且极大影响了清朝的国运。

就晚清央地关系来说，以往学界有"督抚专政""内轻外重"或"内外皆轻"等种种说法。从晚清江督易主和权势的转移来看，一方面晚清地方督抚权力的确有所扩大，但并未形成"督抚专政""内轻外重"或"内外皆轻"的局面，其他地区督抚的情况更是如此。一则，汉族官员出任两江总督始终是朝廷的自主选择，是朝廷在新形势下加强对东南控制和统治的一种手段；二则，两江总督的任免始终由朝廷定夺，并以其人是否符合朝廷利益和其效忠度为标准，并未出现尾大不掉的不可控局面；三则，两江总督也是始终忠于朝廷，并无二心，庚子年两江总督发起"东南互保"，与其说是脱离清廷而独立，倒不如说是挽救清廷于狂澜之中而不倒。因此，我们最好将晚清地方督抚权力的扩大看作晚清社会、经济和政治发展的一个必然结果和时代需要，看作中央权力的一个组成部分，尽管这种地方权力的扩大有时与中央存在矛盾，遭中央疑忌，但尚不足定义为"督抚专权"、"内轻外重"或"内外皆轻"。

就南北洋关系来说，作为在咸同年间镇压太平天国农民起义中崛起的两股孪生军政势力和集团，一方面他们之间有着互相配合和提携关系，但另一方面两者之间的关系绝非李鸿章所说"南北两洋，提衡相倚""纤毫无间"。事实是，两派之间既有联合，同时又始终存在裂痕，甚至互相掣肘，因时、因地、因人、因事而异，须做具体分析，不能简单以"提衡相倚"概括之。并且，亦正是南北洋之间的这种关系，他们在晚清很长一段时期彼此成为清朝政府制衡的工具。而庚子年之后的第三次江督易主、"北洋下南洋"，导致清朝政府丧失了这个制衡工具，破坏了南北洋之间的平衡、制约关系，这实际上是不利于清朝统治的。

以上是我阅读《江督易主与晚清政治》后的一点体会，以与作者和读者做一交流。相信这部著作的出版，与韩策先前出版的另一部著作《科举改制与最后的进士》一样，一定能够引起广大读者的共鸣和讨论，由此推进晚清政治史研究进一步走向深入——其功莫大焉！

《清季上海的美国人》序 *

在近代中外双边关系中，由于美国的特殊国情和历史，民间外交始终在中美双边关系中扮演十分重要的角色，因此长期以来受到中美学界的重视。王慧颖的《清季上海的美国人》就是一部专门研究清末中美民间外交的新著。就晚清中美民间外交来说，既往中美学界特别重视传教士和美国商人的作用，在这方面已出版了不少优秀论著。慧颖的这本书则独辟蹊径，以1898年在上海成立的美华协会作为切入点，以小见大，探讨了1898—1905年旅居上海的美商和传教士两大群体如何结成一个联合体和他们两者之间的复杂关系，以及这两大群体对晚清中美关系的影响，丰富和深化了对清末旅沪美侨和中美民间外交的研究，多有开拓和创新之处。

关于近代上海的美国人，既往学者多聚焦于民国之后，并

---

* 写于 2023 年 3 月 18 日。

受研究视野的局限，普遍认为上海的美国人一直到一战后期，随着旅沪美侨的大量涌入，才从英国人的社区分离出来，逐渐形成独立的美国人社区。王慧颖的《清季上海的美国人》则透过对1898年在上海美华协会的成立及其运作的考察，揭示近代上海的美国人其实早在清季就在国家认同的基础上，构建了旅沪美侨联合体，并对旅沪美国商人和传教士两大群体之所以能在19世纪末走向联合的历史背景做了深入的分析。她认为一方面19世纪末美国商业和传教共同的对华扩张目标以及他们在中国面临的共同的严峻形势，促成旅沪美商和传教士两大群体走向联合，另一方面美国国内高涨的帝国主义思潮以及军事、政治等领域出现的一些新变化亦起了助推作用，而1898年8月在美国国内成立的美亚协会则直接推动了美华协会这一组织的诞生。王慧颖所做的这一研究，无疑深化了对近代上海美国人的研究；其对美华协会所作的开创性研究，则更加具有补白意义。

再者，就美商和传教士两个群体来说，国内的一般认知总将他们看作"一丘之貉"，都是侵略分子：一个对华实行经济侵略，一个对华实行文化侵略，并认为传教与美国国家和商业利益是一致的，"传教士是贸易和商业的先驱"。王慧颖的《清季上海的美国人》则告诉我们，这只是问题的一个方面，美商和传教士在华固然有着共同的利益诉求，这导致他们在清末走向联合，但另一方面这两个群体之间始终存在分歧和矛盾，有着不同的利益诉求，具体体现在他们对美华协会领导权和话语权的争夺上：旅沪的美商大班们为最大限度地使美华协会服务于美国在华商业利益，严格限制传教士在协会中的人数和影响，将美华协会的决策层牢牢掌握在自己手中，对美商和传教士入会区别对待。并且，他们在对待晚清发生的一些重大历史事件上亦是既联合又矛盾。如面对义和团运动的威胁，美商和传教士先后三次联合共同呼吁美国政府出兵中国，但在呼吁书中传教士为达到护教目的，极力夸大形势的严峻，多危言耸听；而美商则从商业利益出发，反对传教士的这种做法，主张如实反映中国国内形势，强调美国与其他列强一道维护中国完整的重要性。而在其后的庚辛和谈中，美商和传教士的分歧更加严重，在有关赔款、惩凶、军事制裁、传教等问题上都出现撕裂。王慧颖关于旅沪美商和传教士在中国问题上既合作又矛盾的研究，显然更接近于历史真实。

在晚清中美关系研究中，关于美商和传教士在美国对华政策上所起的作用和影响，也是一个见仁见智的问题。就既往的研究来说，大致比较强调传教士和美商在美国对华政策上所起的重要作用和影响，王慧颖的这部著作也有此倾向。但就1899—1905年美华协会对美国对华政策的实际影响来说，则是有限度的。据王慧颖的研究，尽管在义和团运动中美华协会向美国国内发回中国国内的最新形势和动向，但美国政府并没有采纳美华协会呼吁，派兵入江。而在庚辛和谈中，美国政府在有关赔款、惩凶、军事制裁、传教和逼迫慈禧太后退政等问题上，也没有接受美华协会的建议，而是采取了相对缓和的态度。在1902—1903年中美商约谈判过程中，虽然美国政府征询了包括美华协会在内的美商意见，并且由于他们反对裁厘加税条款，导致中美商约谈判中断半年之久，但最终还是执行了美国政府的意志。在抵制美货运动中，虽如王慧颖所说，美华协会在初期游说罗斯福政府改善旅美华侨入境待遇方面发挥了作用，但罗斯福政府对抵制美货运动的态度和反应最终还是由美国国内政治和中国国内抵制美货运动的形势所决定。要之，中美关系早期，在美国政府缺位的情况之下，传教士和美商确乎起了十分重要的作用。但到19世纪末随着美国成为一个世界强国，政府外交机构日趋完善，国务院主导亚洲外交政策之后，传教士和美商的作用就不可与早期同日而语了。因此，王慧颖的这部著作对于我们重新审视美商和传教士在美国对华政策上所起的作用和影响，也是具有启发意义的。

最后，这部著作另一值得肯定之处是，挖掘和利用了许多美国一手档案文献资料。史料是一切史学研究的基础，而中外关系史学科的性质又决定了对史料的要求更高，除了中文资料外，还必须要充分掌握相关国家的档案和文献资料。这也是通常情况下，我并不鼓励缺乏良好外语基础和外文资料条件的青年学者从事中外关系研究的一个重要原因——巧妇难为无米之炊。2017年，王慧颖同学获国家留学基金委资助赴美访学。根据个人经验，若是选择一个单纯的晚清政治史题目赴美访学，很可能是事倍功半，蹉跎岁月，于是我根据本人2001—2002年于哈佛大学访学期间所查阅的资料——哈佛大学怀特纳图书馆（Widener Library）所藏的完整的美亚协会会刊和几期美华协会的会刊，建议她可以做美亚协会与晚清中国的选题。王慧颖同学赴美后，不但收集了美亚协会会刊，并且从美国各图书馆收集了美华协会自1899年1月第1期至1913年10月共27期的会刊，这就为她从事美华协会的研究提供了坚实的史料基础。同时，她还广泛检索和利用了诸如《北华捷报》《纽约商报》《纽约时报》《华盛顿邮报》等相关英文报刊资料，并且对美国官方档案和文献资料亦多加利用，诸如《美国驻华使馆档案（1843—1945年）》《美国驻华公使来函》（1843—1906）、《美国国务院有关中国内部事务档案（1906—1910年）》《美国驻天津领事来函（1847—1906）》《美国驻上海领事来函（1847—1906）》，以及美国国务院编《美国外交文件（1901—1912年）》、戴维斯（Jules Davids）编《美国外交与政府文件：美国与中国（1895—1905年）》等。用功之勤，难能可贵。

常言道：其作始也简。王慧颖的这部著作也属于这样的一项事业，因此难免有其不完善之处。诸如清季旅居上海的美国人显然不限于美华协会成员的商人和传教士两个群体，还有海员、海关人员、职员、医生、律师、新闻工作者、外交官，甚至流氓、妓女，等等。总之，清季旅居上海的美国人总体情况和构成,以及美华协会在旅沪美侨中所开展的工作,都是有待做进一步挖掘的。而以美华协会来说,虽然这个团体在1911年辛亥革命之后有瓦解之势,直至1926年12月并入美国总商会,但其活动并不止于1905年,至少在清末的最后几年都十分活跃,且有会刊出版。该著将研究止于1905年,这也是不完整的。期待这些问题将在她申请的社科青年基金项目"美国商人与甲午战后的晚清政局(1898—1912)"中得以解决和深化,乐见"其将毕也必巨"。同时,亦期待更多青年学者投身中美关系史研究,为推动中美关系史学科的繁荣和发展添砖加瓦!

对清末新政下一位蒙旗官员的再认识*
《进退失据：旗人总督锡良与清末新政》序

清末新政是对清政府在其统治的最后十年（1901—1911）所进行的各项改革的总称。这次改革是继洋务运动和戊戌变法之后，清政府发动的第三次也是最后一次改革运动，其力度远远超出前两次改革，内容涉及政治、经济、军事、文化教育与社会生活等领域的变革，是晚清历史上一场比较完整意义上的现代化运动，也是中国由古代封建王朝国家向现代国家转型和过渡的一个关键时期。新政改革虽然没有成功实现这一重要转型和过渡，并以清朝的灭亡而告终，但其成果却多被继承，成为中国现代国家生成的重要一环，对清末民初历史产生深远影响。

---

* 2022 年 8 月写于北京。

由于清末新政改革在历史上的重要性，自20世纪80年代改革开放以来，清末新政史的研究开始受到学界的重视，并在2001年之后成为晚清史和中国近代史研究中的一门显学。依我看来，在新政史研究成绩斐然的情形下，潘崇这部系统考察蒙旗官员锡良在清末新政改革中的作为及其困境和命运的学术著作，丰富了地方督抚与清末新政关系的研究，具有以下特殊意义和学术价值。

首先，锡良在清末的为官遭遇及命运反映了一位游离在清朝政治派系和权力集团之外的勤政为民的"循吏"官员的从政处境和生存状态。朋党和派系政治是中国封建官僚政治一个挥之不去的痼疾和阴影。在清末政治派系和权力集团中，锡良除了其蒙古镶蓝旗贵族身份之外，似不归属任何政治派系或集团。一方面因不属任何派系或集团，缺乏奥援，导致其早年仕途并不顺畅，在山西州县官任上就长达20年之久，且在1903年出任四川总督之前，仕途始终颠簸：先是在晋抚任上因其积极备防及与主张排外的山东巡抚李秉衡的关系遭列强反对，于1901年初被清廷开缺，并改任湖北巡抚亦不果，勉强赴任与外事和新政无关的河东河道总督这一"闲曹"。至1902年初好不容易履任河南巡抚职，又因发生泌阳教案遭外人不满，不及半年而去职，经过一番努力和争取，于是年底赴任热河都统。但在此一任上也仅有四月又被调任，直到1903年9月11日履任四川总督才结束这段"颠沛流离"的官宦之旅，开始主政一方。此后，虽然被委以重任，先后任四川总督、云贵总督和东三省总督，但施政上还是常常因不得奥援而举措艰难，以致让这位生性耿直的蒙古镶蓝旗官员不时心生退意。另一方面，锡良也因其为"循吏"，在光绪二十年（1894）之后被保举、擢升，并成为朝廷权力斗争的"调解器"，受到重用，同时调任频繁，即使在出任四川总督之后也是如此：1907年他被调任云贵总督就与"丁未政潮"权力角逐不无关系；1909年初出任清朝"龙兴之地"东三省总督，则与以摄政王载沣为首的满族权贵与袁世凯北洋集团之间的权力斗争有着直接关系。其为官经历和处境，与咸同年间亦不隶属任何权力派系或政治集团的历任漕运总督、四川总督等职的汉族官员吴棠颇有类似之处，反映了"循吏"无论是汉族身份还是旗人贵族身份，在君主专制官僚政治下的生存实态和共性。

其二，锡良的为官经历为我们更好重新认识清末满蒙旗人官员群体及其施政作为提供了一个比较典型的对象。清末的满蒙旗人官员通常被认为是一个保守、反动群体，新政伊始，锡良就因其对外人的态度，被视为排外的保守派官员而被排除在新政运动之外，不得参与其中。但锡良在清末督抚任上在革除弊端、兴学育才、发展实业、整顿旗务、禁毒，以及编练新军、强化边防，维护国家主权等方面实行的各项举措及其成效，以及在宪政上的主张，体现出的却是"有能力、有操守、有头脑"，负责、廉洁、开明、勤政、锐意改革的形象。这就提醒我们在历史研究中切勿脸谱化和简单化，有必要重新看待和评价清末满蒙官僚群体。并且，锡良的施政作为亦表明这位蒙古镶蓝旗官员已远远超越和摆脱了美国"新清史"学派所说的"满族认同"，已具有强烈的现代国家认同，体现了在反抗外来列强侵略过程中中华民族共同体意识已在满蒙旗人官员中生根、滋长。

其三，深化了清末新政史的研究。经过40余年学界的不断探索，清末新政的研究虽然已取得辉煌成果，学界对这场改革运动的内容和历史意义亦多有认识，但鉴于中国地域辽阔，存在比较多的地方差异，有关这场改革在各地的实际实行情况和差异，我们的研究尚不充分。而清末锡良主政的四川省、云贵和东三省等地，都在多民族聚集的边疆地区，就与其他省份有很大不同。因此，这部著作对锡良与清末新政关系所做的研究，既有助于我们更好认识清末新政在其任职省份的落实情况及所遭遇到的一些共性问题，也有助于我们了解清末边疆地区新政遇到的其他省份不存在或不突出的个性问题，诸如川边的改土归流和治理、开发问题，云贵土司的改土归流和禁毒问题，东三省的筹办八旗生计和旗务改革问题，抵御列强对东三省的觊觎问题等。这些问题事关边疆地区与内地的一体化和民族融合，事关边疆地区的宗教和经济发展，事关边疆地区的边防和边政，事关中国近代民族国家的生成。这部著作在这些方面所做的拓展性研究，无疑增强了我们对清末新政改革的复杂性和艰巨性及其历史意义的认识。

　　这部学术著作的另一学术价值还在于，充分利用了中国社会科学院近代史研究所馆藏的"锡良档案"资料。该档案系20世纪50年代由锡良后人整理后赠送近代史研究所收藏，共179函，9万余页，起于1875年，迄至1911年，包括奏稿、电报、函札、公牍、训辞、演说、自撰履历、州县事实清单等，比较完整地记录了锡良一生的政治活动和经历及同时代与锡良有往来官员的活动，是国内外研究锡良独一无二的最完整的档案资料。这也是当年潘崇来近代史所从事博士后研究时，我建议他以锡良与清末新政为主题展开博后论文写作的一个重要原因，甚至在此数年之前，我就建议我的第一个硕士生利用该档案资料写了锡良与清末东三省改革的硕士论文。而难能可贵的是，除了"锡良档案"资料，潘崇这部著作还广泛挖掘和利用了中国第一历史档案馆、台北"中研院"近代史研究所收藏的锡良相关档案和其他清朝官方档案与文书，以及相关文集、日记、信札、报刊等。可以说，正是在史料挖掘和利用上的突破，决定了这部著作在锡良研究中尚能走在学界前列。

　　光阴荏苒，日月如梭，从潘崇当年从事锡良研究到今年付梓出版，转眼整整十年，这部学术著作的诞生，正践行了"十年磨一剑"的箴言。然而，学术研究终究是一个不断完善的过程。在锡良研究领域，这部学术著作依然不能说臻于理想，在如何做到知人论世、跳出就锡良论锡良，在思辨和史论的再深化，以及史料的再挖掘和再利用等方面，都尚有待完善之处。而令人欣慰的是，潘崇在与我交流过程中，也说及锡良人际关系、政坛遭遇、对外交涉、历史定位等方面内容尚有较大探讨空间，计划在后续的"锡良年谱长编（1853—1918）"研究工作中进一步加以深化，在知人论世、史论的阐释和史料的再利用和再解读等方面继续有所突破。相信他在锡良人物以及晚清政局研究上一定能够更上一层楼。

以上所言，是我个人在读了这部学术著作之后的一点小小体会和感言，权作序文，以与作者和读者做一交流，并祝贺这部学术著作的付梓出版！

附录

学问与人生[*]

崔志海研究员访谈录

李卫民

一、大学生活

李卫民（以下简称李）：您属于1960年后出生的学者，大学可以说是你们这代学者走上研究学问道路的起点，因此，请先谈谈您那个时代读大学的情况。

崔志海（以下简称崔）：1980年我考入杭州大学历史系，与我中小学时代的学习状况有直接关系。从小学到高中毕业，我的学习成绩一直是文科各科比较好，自初中开始比较关心时事政治，喜欢看报读报，相比之下，理科成绩一直比较落后。大概因为学习成绩的关系，文科老师比较欣赏我，而我也不大

---

[*] 原载《晋阳学刊》2018年第6期，题目原为《中国近代史研究的多元视角——崔志海研究员访谈录》。

受理科老师的喜欢。高二阶段改读文科班后，比较受各科老师喜欢和栽培，他们希望我能考上大学，为学校和班级争光，班主任地理老师还因此火速动员我加入共青团组织，担任班干部。1979年我高中毕业，第一次参加高考，因为数学成绩太糟糕，只考了20多分，结果只能是名落孙山。我的两位兄长下乡、从军，根据当时国家政策，我属留城工作对象，因此，家人对考大学的事情并不那么在意。第一次高考过后，班主任老师考虑到除数学之外我其他科目的成绩不错，亲自到我家里，动员我读回修班参加来年的高考，由此改变了我的人生道路。

在读回修班的一年里，我通过自学，对初一至高中的数学做了系统补习，数学成绩有了极大提高，在学校组织的数学高考模拟考试中，我的成绩都在90分以上。1980年高考我的数学成绩也只得了70多分，数学老师认为我没有发挥好，我个人则以为万幸了。高考入榜后，填报志愿也都是班里老师根据我的情况及各大学的录取标准帮助决定和填写的。

考入大学之后，我对专业课的兴趣并不大，尽管当时开课的许多老师都有很高的学术造诣，但我更对本系之外的西方哲学史、外国文学史、心理学、美学等课程感兴趣，被萨特的存在主义、尼采哲学、西方人道主义、异化问题、弗洛伊德的潜意识理论等所吸引。其中，我对美学的兴趣更多是被李泽厚先生的那本《美的历程》所激发。迄今我还保留着一些大学时代购买的介绍西方哲学家和有关美学的书籍。中国学术方面，比较喜欢阅读介绍中国古代思想和佛教史及中国古代文学方面的著作。其中，中国古代思想部分最感兴趣的是先秦诸子思想，读过《论语》《孟子》《庄子》《道德经》《荀子》等著作，有些还认真地做了笔记和抄录。总之，大学时代我并不追求考试成绩，更享受获取知识的快乐。这些知识是我中学时代不曾接触过的，它们为我打开了一个新的世界，对我后来从事近代人物思想方面的研究提供了很大帮助，同时某些方面还影响了我的人生观。

就历史专业的学习来说，尽管对一般讲述历史过程的课程兴趣不大，但各位老师介绍的历史研究中的一些有争论的问题，诸如王莽改革的评价问题、历史上的农民战争问题、法国大革命问题、太平天国政权性质问题等，比较激发我的兴趣。课后，我会主动去图书馆阅读相关争论文章。在开设的各门专业课中，我最感兴趣和印象最深的是史学理论和中国史学史，感觉这两门课程对历史研究具有一些指导意义。以后在我购买的图书里，就有不少西方史学理论方面的著作。我对中国近代史产生兴趣，比较多地受了郑云山老师的影响，他在讲课过程中较多地介绍近代史研究中的一些争论问题，这激发了我的学术兴趣。我的学士论文就是做了中国近代史方面的选题：关于1900年自立军问题的研究。1984年大学毕业那年，我报考中国社会科学院近代史系硕士生，有幸被录取，又向学术道路迈进了一步。

二、研究生经历

李：我也是中国社会科学院研究生院近代史系毕业的学生，刚才您谈了大学时代的学习情况，接着请再谈谈您那时在研究生院的情况，请介绍一下指导老师对您的影响。

崔：1984年我到北京攻读硕士研究生时，研究生院还没有自己的校舍，第一学年我们借住在万寿路的解放军后勤学院招待所，上课也是借用他们的教室，第二学年才搬到新建成的望京研究生院。三年硕士研究生期间，我最大的收获是在导师的指导下，培养了自己的独立研究能力。

我的指导老师是钱宏和贾熟村两位先生。两位先生在所里都担任一些职务，钱先生当时负责《近代史研究》杂志，贾先生是政治史室主任，他们都是谦谦君子，为人随和、亲切。在学业方面，根据贾先生的意见，我更多是受钱先生的训导。先生的教学方式与大学不同，先生并不给我们学生讲课，而是为我们指定阅读书目，撰写学习体会，至少每月返所一次汇报学习情况，听先生面训。这种教学方式对培养学术研究能力，我个人认为还是很有帮助的。记得第一学年先生为我指定的理论学习书目是马克斯恩格斯《马恩选集》四卷、《资本论》；专业书则要求我浏览、阅读"中国近代史资料丛刊"，同时配合阅读相关专著，对中国近代史资料及研究有一些基本了解，强调打好基础的重要性。根据先生的要求，我有选择地阅读了从琉璃厂中国书店购买回来的马克斯恩格斯《马恩选集》四卷,但坦率地说,《资本论》没有读下去,也如实地向先生做了汇报。"中国近代史资料丛刊",我粗粗做了浏览。其中,读得比较仔细的是丛刊第一种《鸦片战争》资料集,我后来发表的论文《谈定海在第一次鸦片战争中的地位》,就与这时期的学习有关。除了先生指定的阅读书目外,我个人比较多地阅读了外国学者研究中国近代化史的译著及港台学者的著作,特别是有关现代化的理论及现代化史研究,这是我在大学时代没有接触到的知识。但在阅读过程中,我感觉研究中国现代化史的著作特别是港台一些学者的著作,虽然新鲜,不同于我们传统的中国近代史论著,但他们完全依据西方现代化理论和标准论述近代中国的现代化历程,显得过于教条和机械,并不能很好地反映和说明中国的现代化历程何以如此。20 世纪 90 年代初我在《学术研究》上发表《关于中国近代史主题和线索的再思考》,虽然也主张以近代化为中国近代史主题,以工业化、民主化、国家独立化和人的近代化为四条基本发展线索,但在论述中国近代化发展历程中仍主张以革命史研究中的阶级地位和作用的变动为依据。

在与先生的交谈中,给我帮助最大、影响最深的是先生有关学术论文写作方面的教诲。他强调,史学论文的写作,主要就是做到四个字——"准确简练",文字表达要反复推敲,不能让读者产生歧义或误读,做到内容与形式的统一,不宜用一些文学夸张的表达方法,也不要轻易使用诸如"最早""第一"等词；一句话可以表达清楚的，不要用两句话表达，要做到惜墨如金。史学论文要写得让同行都能看得懂，如不能让同行读懂你的论文，不是你本人对研究的问题没有想透，便是表达和写作还存在问题，没有将事情的来龙去脉交代清楚。史学论文的写作要讲究历史与逻辑的统一，既要符合历史时序，也要体现内在逻辑关系。论文写作要做到首尾呼应，结尾处最好留有余味。论文写好后，要晾一晾，过一阶段再修改，最好朗读一遍，哪里接不上气，就说明哪里表达还有问题，不要急于发表，白纸黑字，要对自己负责，等等。当然，先生的这些教诲是在每次的交谈中断断续续传授的，并且，先生的有些意见学界可能也有异议，但我个人以为先生的这些教诲是很有道理的，我努力践行，并传授给我的学生和一些青年朋友。

研究生期间的另一重要任务，是撰写硕士论文。那时，各研究所对学位论文的要求还是很严格的，就有因论文通不过而不能获得学位的。进入第二学年不久，我就向两位导师提交了两份论文选题提纲：一为"清末新政史研究中的几个问题"；一为关于辛亥革命时期改造国民性思想研究。贾先生比较倾向做第一个选题，这个题目涉及对清朝统治阶级的研究，是当时学界研究比较薄弱的领域，记得当初参加所研究生复试面试时，针对有老师提问"你认为近代史研究中有哪些领域值得特别重视"，我就曾表达应加强对清朝统治阶级方面的研究。第二个选题涉及思想史研究，比较契合当时学界的思想史和文化史研究热，也比较契合我那时的学术兴趣。由于钱先生比较赞同第二个选题，我的硕士论文最后就做了这个题目。为完成这篇硕士论文，我除阅读辛亥时期相关思想家的文集，还比较全面地查阅了本所和中国科学院图书馆收藏的辛亥时期的报刊，做了大量笔记。论文完成后，得到论文答辩委员会各位老师的好评。我记得论文答辩主席是丁守和老师，座师除了两位导师外，还有陈铁键老师、耿云志老师和杨天石老师。论文答辩结束后，丁老师表示如我能将硕士论文修改到1.5万字以下，可考虑在《近代史研究》上发表。但我那时不知道如何将5万多字的硕士论文修改到1.5万字以下，因此，并没有抓住这个发表机会。1989年我在《近代史研究》第4期上发表的《梁启超"新民说"再认识》和在《改革》杂志第2期发表的《改革开放下的社会文化形态》，以及在《史学月刊》1994年第4期上发表的《中国近代改造国民性思想的先声——论戊戌维新派对传统民族文化心理的反思》，都是我硕士论文的副产品，而硕士论文的正文部分，迄今也没有修改发表。

三、关于思想史研究

李：刚才您说了，在大学时代您就对思想史研究有兴趣，硕士论文也是思想史方面的选题，那就请您先谈谈思想史方面的研究及体会。

崔：说来惭愧，就发表的研究成果来说，我的思想史研究主要集中在梁启超、蔡元培和孙中山三位人物及其思想的研究上。当然，在研究这些人物思想时，自然会涉及中国近代思想史研究中的许多问题，诸如革命与改良思想、中西文化思想、自由主义思想、学术思想，乃至宗教思想，等等。除了已公开发表的成果外，1987年分配到政治史研究室工作后，丁守和老师邀我参加他主持的中国近代思潮史研究项目，布置我负责辛亥时期政治思潮的撰写。最后，我就辛亥时期的民主主义思潮、民族主义思潮、无政府主义思潮、社会主义思潮和国粹主义思潮撰写了约15万字的初稿。完成初稿后，我曾有意将研究往回追溯，就嘉道以来的晚清社会政治思潮史撰写一部专著。我还曾对达尔文进化论对中国近代思想的影响产生兴趣和关注，比较多地阅读了这方面的书籍，计划就此做些研究，并将一位外国学者的英文著作《达尔文主义在中国》做了部分翻译。1996年初为纪念孙中山130周年诞辰，院相关部门组织拍摄《中山巍巍》纪录片，由秦晓鹰先生撰写解说词，我受张海鹏和耿云志两位所领导的指派，为这项工作提供学术支持。在此过程中，我最终撰写了其中两集的解说词，第二集的"强国之梦"和第四集的"千秋基业"，得到院领导的肯定，不但被采用，还因此在所年终考核中获优秀奖励。这是我第一次为历史影视片撰写解说词，获得了一次锻炼，了解和体会到了影视解说词与论文和一般文章的不同之处。此外，我还曾试图以我的硕士论文为基础，从人的现代化角度，对中国近代改造国民性思想做系统考察，撰写一部专著。但由于我的学术兴趣过滥，这些研究最后都是半途而废，不了了之。喜欢耕种、不重视收获，这是我在学术研究中的一个最大毛病。

就思想史研究来说，我个人的体会是：首先思想史属于史学研究范畴，要以文本和史实为依据，应遵循一般共通的史学方法，不能脱离史料和史实进行任意诠释。为此，我曾在撰写的书评中，对某些海外学者在研究中国近代思想史过程中不顾文本和作者本意及语境进行任意阐释的做法提出批评，主张思想史家对文本和作者思想所做的阐述和逻辑解读要符合历史，不可先入为主，断章取义，削足适履，六经注我，混淆思想史家与思想评论家之间的界限和区别。但另一方面，思想史的研究对象为精神层面，属于形而上的范畴，与社会史、经济史、政治史和中外关系史等形而下的研究不同，后者是从史料中重现社会、经济、政治等现象，而思想史的研究要从文本中抽象出问题意识，解读历史人物的思想，这必须要具备很强的思辨能力；否则，会在文本面前束手无策，不知如何解读，或将思想史研究降格为"剪刀加浆糊"的剪贴史学，失去思想性。总之，思想史研究是史学与哲学的有机结合，既需要历史的论述，同时也需要哲学的阐释。因此，除非确有思想性，我一般不鼓励学生做思想史题目，这同样也适用于我本人。

我对思想史研究的另一个体会是，思想史的研究不能停留在对文本和个别杰出历史人物思想的解读上，还要从政治、经济和种种社会现象及绘画、建筑等非文本资源中解读一个时代的思想。一场政治运动、一项政治制度、一种社会现象背后，乃至各种器具、建筑及一切人类的创造物的背后，其实都蕴含着思想因素。正是在这一意义上，历史哲学家柯林伍德认为"一切历史都是思想史"。因此，思想史除研究文本和精英人物的思想及其产生的历史背景外，实有必要将那些非文本资源和社会大众的思想也纳入思想史的研究对象，这不但可以拓宽思想史的研究领域，并且那些非文本资源和社会大众的思想可能较诸文本和精英人物的思想，更能真实反映或代表某一历史时期和地方的思想，它们是一个时代思想的物化形态。一个明显的事实是，历史和现实中都不乏为学与做人或言与行不合一的事例。近些年来，国内学界进行的观念史研究和思想史研究中表现出来的"社会史化"倾向，一定程度即是反映了思想史研究由传统文本和精英人物向非文本资源和大众思想研究的一种转型，这是一个可喜可贺的现象，体现了新世纪中国学术的发展和进步。

四、关于清末新政史研究

李：正如您本人所说，您的学术兴趣比较广泛，清末新政史也是您的一个研究领域,接着就请您谈谈这方面的研究和体会。

崔:如前所述,在硕士研究生阶段,我就开始将清末新政史作为自己的一个研究方向,迄今尚保留我那时撰写的论文选题提纲;我还记得那时写了一篇关于新政改革上谕的读书札记,做了一门专业课的作业。虽然我的硕士论文最后做了思想史方面的选题,但1987年留所到政治史研究室工作后,张海鹏老师让我参加由他主持的清末新政研究项目,并以我年轻,可以从零开始学习,分配我做清末经济改革研究。就我个人那时的学术积累和兴趣来说,我更偏向做政治史方面的研究。从此,我就一边从事人物思想研究,一边从事清末新政史的研究。

清末新政史涉及许多研究领域,我除了在清末经济改革领域发表过有关清末铁路政策和商标法问题的论文,另撰写过数篇有关清末经济改革的未刊稿外,对各个专题研究都有所涉猎,一直留心和关注国内外新政史研究的历史与现状,这在我发表的两篇有关国外和国内新政史学术回顾及其他相关论文中可见一斑。2013年院创新工程启动后,我又将"清末十年新政改革研究"列入创新工程,作为我们研究室的一个集体课题,于2015年结项。2016年在为王建朗、黄克武主编《两岸新编中国近代史·晚清卷》撰写的《十年新政与清朝覆灭》一章中,我就新政的改革纲领、新政的改革过程及每个阶段的特点以及新政未能挽救清王朝的原因，分别做了比较系统的宏观的阐述，提出一些看法，从出版后反馈的信息来看，我撰写的这一章还是比较受到学界肯定的。此外，我围绕美国政府与甲午以来晚清政局关系所做的研究，其实也是清末新政史研究的一个组成部分，并且也是一个综合性的研究，不但涉及美国政府与清末政局的关系，也涉及与新政各项改革的关系。

经过国内学者30多年的潜心探索，清末新政史的研究可以说获得了重大进展，特别是在专题史研究方面，国内学者发表和出版了许多比较有学术分量的成果。目前国内清末新政史研究存在的一个不足是，由于许多学者从事的都是新政方面的专题研究，没有注意到各项改革之间的相互关系，以及中外政局变动与各项改革之间的关系，往往是就政治论政治，就教育论教育，就军事论军事，看法和评价难免会有偏颇，由此影响了对清末新政的总体把握和定位。如有些学者认为清末新政次第展开，就没有很好把握新政的特点，事实上新政各项改革是同时进行的，并没有处理好各项改革的轻重缓急。又如，振兴实业政策一度被清政府摆在一个十分突出的位置，商部开始时在清朝中央各部中位居第二，仅在外务部之下，但在新政后期振兴实业政策的力度明显有所削弱，具体负责制定经济政策的农工商部在中央11部中退居倒数第三，就是受到1905年之后兴起的预备立宪以及诸如财政、货币等其他改革政策的冲击。事实上，新政每一改革内部也都存在如何处理好相关政策关系的问题，并影响到每项改革的成败。以清末军事改革来说，就存在如何处理新军和旧军以及陆军与海军的关系问题；以清末经济改革来说，就存在如何处理好工业、农业、商业、财政金融、中外投资贸易体制和税收政策之间关系的问题；以清末政治改革来说，就存在如何处理好中央官制与地方官制和地方自治及满汉政治关系问题，等等。

我个人计划在今年完成《美国与晚清政局（1895—1911）》一书的定稿之后，根据自己多年的研究和思考，同时吸收学界最新研究成果，从相互联系和全局的眼光，对清末新政史做一比较综合性的宏观考察和分析，完成《清末新政研究》一书的撰写，同时就此前积累的问题发表专题论文，进一步提出自己的一些研究心得。

五、关于美国与晚清政局研究

李：您刚才谈到有关美国与晚清政局关系的研究，这是一个很有特色的研究，也受到学界较多关注，请您多谈谈这方面的研究，特别是在利用外文档案和资料方面的经验。

崔：我这项研究的最大特色是，在清末内政与中外关系的结合研究方面做了有益尝试。近代中国与古代中国历史的一个很大不同是，外国势力的持续侵入及对中国的影响是前所未有的，这是学界的一个共识和常识。但落实到具体研究上，由于受不同学科壁垒的局限，中外关系史的学者一般偏重外交政策和中外交涉事件的研究，很少去考察和研究列强与中国内政的关系。研究中国近代政治史的学者，虽然知道中国内政深受列强的影响，但也很少会比较系统地利用外文档案资料，将内政与外交结合起来进行考察，具体探讨列强如何干涉中国内政，以为这是中外关系史的研究对象。我的这个研究，就是想打通这两个学科之间的壁垒，希望对晚清政治史和中外关系史的研究起到一点促进作用。

美国与晚清政局关系的研究，也源于清末新政史的研究。在到所参加张海鹏老师主持的集体项目时，我个人就认为在晚清三场改革运动中以清末新政与列强之间的关系最为密切，不自量力地想就此做一研究，这从我发表的有关清末铁路政策和商标法的两篇论文中也可看出其中的端倪，它们都探讨到与列强的关系。当时，我还曾利用海关文件及清朝官方文献及报刊资料，计划就1906年税务处的设立撰写论文，但在我起笔后不久，厦门大学陈诗启教授研究税务处的论文在《历史研究》上发表了，我就只好放弃了。并且，经过一段时间的探索之后，我进一步认识到研究列强与清末新政关系，不是我所能胜任的。一则缺乏各国档案资料，再则我个人除勉强能够阅读英文资料外，并不掌握其他外语。主客观条件都不具备，于是我就放弃了这一研究。2000年我获得申请哈佛大学燕京学社访学的机会，便选择了以美国政府与清末新政关系做我访学的研究计划，以为这个还是可行的。在次年赴哈佛大学访学的一年里，我围绕这一题目对美方档案和文献资料做了广泛的搜集和阅读，除了参加一些必要的学术活动外，我的学习时间几乎都是在哈佛大学的各个图书馆度过的。可以说，没有2001—2002年哈佛大学的访学经历，也就没有我此后这方面的研究。当然，这一研究转向也大大挤压了我对其他领域的学术研究。

2002年回国后，我便开始结合中文档案和文献资料，逐一进行专题研究。2003年承蒙熊月之先生厚爱，吸纳我为及门弟子，攻读复旦大学历史系博士学位，并允准我以美国政府与清末新政关系做博士论文选题。2008年完成博士论文答辩之后，我又在国家社科基金的资助下，对博士论文内容进行修改、补充和完善，并将美国政府与晚清政局的关系往前推至1894年的甲午战争，内容涉及美国政府与中日甲午战争、美国驻华公使对戊戌变法的观察、美国政府对庚子事变的反应、美国门户开放政策的确立、美国政府对新政伊始中国政局的观察和反应、中美商约谈判与清末新政改革、精琪访华与清末币制改革、美国政府与日俄战争之后的中国政局、美国退款兴学再考察、美国政府与清末禁烟运动、美国政府对宣统朝政的观察和反应、海军大臣载洵访美与中美海军合作计划、美国政府与清朝的覆灭等13个专题。但由于自2009年开始负责政治史室晚清史重点学科建设工作，精力多有分散，同时也由于阅读英文资料遇到许多障碍，研究工作进度比较缓慢，直到去年才申请并获得院文库出版基金资助，计划今年修改定稿，交社会科学文献出版社出版。

由于这个研究涉及中美两国双边关系，并以考察美国政府的态度和反应为主，因此自然要比较多地利用美国档案和英文资料。在此过程中，我有这样几点体会：第一，档案和英文文献资料是真实的，并不意味它们所讲的历史或观点就是真实或正确的，特别是美国驻华外交官有关中国内政的报告或看法，不能不加鉴别和分析，就信以为真，或引以为据，这样的历史研究是会犯错误的。比如，1901年美国驻华公使康格在一份报告中根据清政府颁布的设立督办政务处的上谕，认为这意味着慈禧太后要交权、退出政坛了，这完全不符合事实。又如，1904年美国货币专家精琪访华后向美国政府和外界声称已成功说服清政府接受了他的货币改革方案，这只是他为邀功而对清政府态度的曲解，如果我们看看当时精琪与清朝官员会谈的中文记录，是绝对不可能得出这个结论的。同样，当时精琪和美国政府及一些英文报刊舆论指责清政府最后没有接受他们的货币改革方案，都是因为清朝地方反动腐朽势力的作梗，这也只是反映了他们的立场，而事实是清政府之所以没有接受美国的货币改革方案，主要认为它损害中国主权和利益，但站在美国人和一些外国人的立场上，他们是不愿意承认这一点的，尽管这是历史事实。这就好比今天美国人将军舰开到中国的南海，实质是为了维护美国在东亚的霸权，但他们却声称是为了维护世界和平和航行自由，如果几十年后我们研究这段历史，将美国人的这些说辞都当真，写成论文，那将是对历史的一个极大误解。其实，阅读中文档案和文献资料也是如此，这里就不做列举了。

第二，要对相关档案文件做比较系统的阅读，不要轻易根据一件孤立外交文件下结论，或进行过度解读。比如根据美方档案资料，辛亥革命发生后美国对中国南北两个政权的态度，美国外交官内部是存在不同看法和意见的，在北方的美国外交官在报告中明显支持清政府和袁世凯政权，在南方的一些美国外交官则倾向于孙中山领导的革命政权，在读到这些外交文件时，我们必须明确这些只代表外交官的个人意见，我们还要进一步考察美国政府的态度或政策，不能不加分析地将外交官的个人意见等同于美国政府的政策。否则，我们对历史的认识就会产生极大的混乱，根据一些片面的史料得出不准确的结论。在美国制定的对华政策中，这样的例子很多，这里也不一一列举了。

第三，就近代中美关系史研究来说，美国国务院出版的《美国外交文件》英文本是我们经常利用的最基本史料。《美国外交文件》每年1本，比较系统，并以专题做了分类，利用起来比较方便。但要加以提醒的是，由于《美国外交文件》都是经过国务院有关部门审查后逐年出版的，因此，收录的都是当时美国政府认为可以解密的文件，而那些敏感的美国政府认为尚不宜解密的文件是不会被收录其中的；有些文件即使收录了，美国政府也会对尚不适合公开的段落做删除处理。需要做出说明的是，我指出《美国外交文件》存在的这个问题，并不是说在研究中就不去利用《美国外交文件》了，而是主张将《美国外交文件》这一基本史料与档案资料进行相互补充。事实上，在近代史研究中，我并不赞同那种不去阅读和利用已公开出版的权威的官方资料，一味引用档案的方法。一则这种做法舍近求远，抄录档案总没有阅读已公开出版的档案资料方便、从容，不易犯错，再则也不便于读者核实史料、做进一步探讨。这在我们阅读和利用中文档案和文献资料中，也是如此。

最后，在阅读和利用美国档案与英文文献资料中，我的另一很深的感受是，对其中的困难要有充分的思想准备。首先，查阅和获取外国档案和国外文献资料，一般来说，需要客观条件，不是个人想去阅读就可以阅读的，至少目前还是如此。获取之后，阅读、理解和引用外文资料总不如母语资料得心应手，至少对我来说，要花数倍的时间和精力。除了语言水平和能力外，外文资料中的地名、人名、机构等专有名词也会构成障碍，不但影响史料的利用，而且，如不谨慎，还会犯一些"低级错误"和出现硬伤。比如在我阅读的英文资料中，涉及晚清中国的钱庄和票号，用的都是韦氏拼音和英文的"银行（Bank）"一词，如果直译成中文，就会犯"低级错误"，而这是我们在阅读中文资料中不会遇到的问题。有鉴于此，我对一些学者在利用外文资料和著作时出现的一些"低级错误"，总抱同情之理解。并且，我感觉利用英文资料与中文资料所写论文也是不一样的，利用中文资料的论文，一般修改两三遍就可以定稿，利用英文资料的论文则要修改无数遍，即便如此，也感觉不如利用中文资料写得流畅。因此，当有学生或青年朋友讨论要利用外文资料和文献从事中国近代史研究时，我总提醒看主客观条件是否具备。客观条件不具备，巧妇难为无米之炊；主观条件不成熟，不是望洋兴叹，便是事倍功半，"工欲善其事，必先利其器"。

六、关于如何看待近代中美特殊关系问题

李：您刚才谈的这些内容，对我们从事历史研究尤其是中美关系研究是很有启发的，这里我再问一个比较具体的问题，您是如何看待近代中美特殊关系这个问题的？

崔：关于近代中美之间是否存在特殊关系，学界存在两种不同观点：一是认为中美之间存在特殊关系，一是认为不存在特殊关系。我个人倾向存在特殊关系。回答近代中美之间是否存在特殊关系，首先在于我们如何界定"特殊关系"的含义。如果我们像有些美国学者那样，将特殊关系绝对化、理想化，将中美特殊关系的内涵简单定义为"友好合作关系"，定义为

"由美国利他主义的援助和中国满怀感激的报答所产生的友好关系"，或定义为输出美国民主价值观念，建立近代西方民主制度，那么这种特殊关系在晚清中美关系中确乎是不存在、言过其实的。

我个人认为，所谓中美特殊关系，只是相对近代中国与其他列强关系而言，有其不同或特别之处，并且在不同历史时期有其不同的内涵。就晚清来说，中美特殊关系主要体现在，美国的对华政策较诸其他列强温和，没有像其他列强那样富有侵略性，对中国的危害没有其他列强那样严重，其对华政策更多谋求商业经济利益，美国是几个主要列强中唯一没有直接使用武力分割中国领土的国家；在1899年宣布对华门户开放政策之后，美国更是明确反对列强瓜分中国，主张维护中国领土和行政的完整，认为一个繁荣富强的中国更合乎美国的利益。因此，美国在清末鼓励和支持中国国内各项改革，率先归还庚子赔款超额部分，用于派遣中国学生赴美留学，积极支持中国发起禁烟运动，等等。总之，如果我们不是拘泥于个别比较极端的外交事件或活动，诸如19世纪美国的排华主义和中国排外主义的严重对立，不是从抽象的道德范畴看待和审视国际关系，而是从正常的国际关系、长时段和比较宏观的视角考察和把握近代以来的中美关系，那么我认为中美特殊关系是客观存在的，这是由中美两国的历史、文化、地理、政治、经济、国土和地缘政治等诸多因素所决定的。并且，这种特殊关系对今天中美两国新型大国关系的形成仍然产生着某些影响。

七、关于晚清政治史研究如何突破问题

李：您在晚清史的多个领域做过研究，去年还主编撰写了《当代中国晚清政治史研究》这一学术史著作，现在您能否就晚清政治史研究如何取得突破谈点看法？

崔：就晚清政治史来说，在经过百余年的研究之后，的确形成了许多"学术高原"，特别是在晚清政治事件史领域，以致许多青年学者望而却步，多转向民国政治史的研究。我个人以为晚清政治史研究的突破点，关键在于转换视角。如果回顾一下百余年来国内的晚清政治史研究，我们可以发现基本上是笼罩在中国近代史学科底下，无论是革命范式，还是现代化范式，都以近代西方的发展道路为坐标系，聚焦晚清"八大政治事件"对近代中国的影响，而没有从清史角度阐述有清一代进入晚清后由盛转衰直至灭亡的历史，晚清政治史研究与清朝前中期的政治史研究存在明显脱节和断裂，由此遗漏许多应有的研究内容。这便是我在去年发表的一篇文章中主张建立一个独立的晚清史学科的原因。

在独立的晚清史学科底下，晚清政治史的研究将突破中国近代史学科的局限，不再仅仅聚焦于晚清历史上的革命与改良及社会新兴政治力量的产生和崛起，不再局限于"三次革命高

潮""八大政治事件"的历史叙事模式，更要研究晚清官制、军制、法制、财政制度、政治权力结构、满汉关系，以及边政、海防和塞防及外交体制的演变，从内政和外交两个纬度揭示清朝由盛转衰直至灭亡的历史。即使对既往政治事件史的研究，在独立的晚清史学科底下也有值得重新考评的必要。独立的晚清史学科底下的晚清政治史与以往中国近代史学科底下的晚清政治史，肯定有着不同的研究取向和内涵。事实上，国内学界的晚清政治史研究自20世纪90年代摆脱中国近代史学科的束缚以来，已多有突破，开辟了许多新的研究领域，出版和发表了许多优秀成果，涌现出一批很有学术潜力的青年才俊。我个人以为，晚清政治史研究在新的起点上还是大有可为的。

八、对近代中国历史的几点认识

李：最近，我在一个出版书讯上看到您的一部著作《近代中国的多元审视》将在北京师范大学出版社出版，请问这是怎样的一部著作？您能否就近代中国历史谈些看法？

崔：《多元审视》实际上是我以往公开发表论文的一个选编，收录我其中30篇论文，分上下篇，并按著作章节体例做了处理，内容涉及中国近代史研究中的诸多领域，因此就取了这样一个书名。

关于如何认识近代中国历史，个人以为首先要明确"近代"一词，不只是一个时间概念，同时也是一个价值尺度，有其特定的内涵和指称。所谓"近代"，指的就是资本主义时代的历史；与"近代"相对应的，是一个社会形态。西方历史学里，通常多将15、16世纪以来至20世纪40年代的历史，划入近代史范畴。但近代中国与西方历史的发展并不同步，是19世纪初列强发动对华战争、强行将中国卷入资本主义体系后进入近代史的；近代中国并没有走上独立的资本主义发展道路，而是沦为一个半殖民地半封建社会的国家。

具体来说，近代中国历史与中国古代历史和西方近代历史比较，有这样四个特点：其一，这一时期中国政治、经济、社会、思想和文化变化之速和之大，是中国历史上前所未有的；中国用110年的历史，走完了近代欧洲资本主义数百年的历史。其二，近代中国在由传统向近代快速转化过程中并没有形成一种单一的社会形态和国家形态，始终充满多面性和不平衡性，社会形态的复杂性是中国历史上前所未有的。其三，近代中国所经历的屈辱及在世界历史中的地位一落千丈，也是中国历史上不曾有过的。其四，近代中国与当代中国的发展道路存在很强的历史连续性，在许多方面制约和影响今天中国历史的发展，既给我们一笔巨大的精神财富，也留下一些精神包袱，需要认真清理和总结。

要科学地认识这样一段与中国古代及西方历史有别，同时与当代中国历史息息相通的近代中国历史，显然需要多学科的交叉研究，需要一种多元视角，需要各种不同学科和不同观点之间的相互碰撞，需要历史与现实的理性对话，需要历史与理论之间的相互检验。

九、关于如何做好学术评论问题

李：在从事中国近代史研究过程中，您还发表了一些有学术影响的书评、学术史回顾及史学评论，这也是您学术研究的一个特色，下面可否就如何做好史学评论谈些您个人的经验或体会。

崔：史学评论是史学的一个重要分支，它要求对史学研究成果和相关史学理论做出学术评价，从而推动史学的进步。尽管我个人诚如您所说，发表过有关这方面的学术论文或文章，多被一些报刊和网站转载，并得到学界的关注和肯定，但我个人并不认为自己是一个史学评论家。如果说我有关这方面的论文或文章比较得到学界的肯定，个人有以下几点经验或体会，可与大家做一交流。

首先，我的史学评论文章都是与个人研究结合。换言之，无论是书评还是学术史回顾或史学理论评论，对评论对象都自己做过一定的研究，这样才能与评论对象对话，做到有的放矢，比较能够评点到位，避免隔靴搔痒，符合史学评论的史识要求。如我发表的有关海内外梁启超研究的书评，有关研究中国近代文化转型和民主思想的书评，国内外"新政"研究及国内义和团运动史研究和辛亥革命史研究的学术回顾，晚清史研究百年回眸，市民社会理论与晚清研究及晚清国家与社会研究的再思考等，无不如此。

其次，在写作方法和要求上将学术性书评和学术史回顾与广告性或宣传性的书评和学术史回顾区别开来。学术性书评不但要求准确、扼要介绍评论图书的主要内容和观点，更要对图书的学术价值、研究方法等做出有说服力的学术评价，臧否优劣得失。同样，学术史回顾切忌流于成为论文或书目提要，而要从学科史角度对学术史问题进行梳理、归纳，既要达到"辨章学术，考镜源流"的目的，同时还要达到为未来学术指点迷津的效果。总之，史学评论需要培养敏锐的批判精神和前瞻性视野。

再次，在做史学评论中我始终坚守在学术范围内讨论，即使评论的学术问题可能涉及政治，诸如中国近代革命问题、近代西方民主问题、中西文化问题及中国近代史研究中的各种范式和理论问题，以为坚持学术真理与政治之间并不一定是矛盾的，科学与政治应是统一的。同时，即使是学术范围之内的讨论，我也首先是充分肯定和尊重他人的劳动和研究，与人为善，不能文人相轻，更不能掺入个人恩怨，意气用事，恶语相向。我想掌握这样一个尺度，史学评论应该比较会被学界接受和喜欢，并经得起学术和历史的检验。当然，我在这些方面以前还有做得不够好的地方,有些文章语言表达还不够婉转,以后当继续努力改进。

最后,做史学评论还需要一个比较自由、宽松和宽容的"百花齐放、百家争鸣"的学术体制和学术氛围。坦率地说,因为学术体制和学术氛围,我的史学评论其实也不能完全做到畅所欲言。而要营造一个正常的批评与自我批评的学术体制和学术氛围,不全是有关行政部门的责任,同时也是学术共同体内每位学者的责任。

十、关于如何看待中国近代史研究范式问题

李:如您刚才所说,您在史学评论中对国外中国近代史研究中的各种范式和理论问题多有讨论和介绍,且有比较多的国外访学经历,但在您个人的研究中似乎并没有接受或采用任何一种西方尤其是美国学者的研究范式和理论。不知您如何看待中国近代史研究中的范式和理论问题?

崔:如您所说,我个人在研究中的确比较关注国外学者的相关成果及理论和范式,早在硕士研究生期间,我就比较多地阅读了国外及港台的现代化理论及相关研究,20世纪80年代末林同奇先生翻译的美国学者柯文教授的《在中国发现历史》一书对美国研究中国近代史理论和范式所做的介绍和评论,给我留下深刻印象。20世纪90年代我介绍的三部海外学者研究

梁启超思想的著作——美国学者列文森的《梁启超与中国近代思想》、美籍华裔学者张灏的《梁启超与中国思想的过渡》和"中研院"近代史所学者黄克武的《一个被放弃的选择：梁启超调适思想之研究》，就分别代表了境外研究中国近代史的三种范式——"冲击—回应""中国中心观"和"现代化"范式。进入2000年后，我在从事清末新政史研究及对晚清史研究进行学术史梳理过程中，又分别对美国中国近代史学界的市民社会理论和国家与社会研究范式、新清史研究、后现代主义史学理论及相关研究多有关注。事实上，我曾有意就上述这些研究范式和理论分别做专门评论。

我对国外研究范式和理论总的看法和态度是，它们各自为研究中国近代史提供了一种新的分析工具，具有较强的问题意识和导向，对丰富和深化我们的历史研究具有一定借鉴意义。但另一方面，作为分析工具，它们都存在将近代中国历史简单化和片面化、削足适履的弊端或局限，甚至带有明显的意识形态色彩，代表了西方学者的立场，各有其产生的时代和学术背景。以"冲击—回应"范式与"中国中心观"范式来说，前者突出和强调近代西方对中国的冲击和影响，有其一定的历史根据。近代中国历史与古代中国历史的不同之处就在于被强行卷入国际资本主义体系之中，与世界发生密切关系。但"冲击—回应"范式体现出来的西方中心论偏向及传统与现代、中学与西学的二元对立观，严重忽视或遮蔽了中国历史内部的活力和影响。"中国中心观"作为对"冲击—回应"范式之否定,提倡从中国内部和中国角度考察近代中国历史,应该说具有一定的纠偏意义,但因此忽视西方冲击对近代中国的影响,显然也是矫枉过正。"现代化"范式固然可补革命范式之不足,但以之取代或否定革命,同样也有违历史,并且实质上是一种西方中心论,是"冲击—回应"范式的一个具体化。西方市民社会和"公共领域"理论作为一种分析工具运用于近代中国历史研究,固然对拓展近代中国城市史的研究具有一定的积极意义,但显然有郢书燕说之嫌,并且会将近代中国的广大农村社会排除在研究视野之外;"国家—社会"范式有意避免"冲击—回应"和"现代化"范式的偏颇,从"中国中心观"的视角看待晚清以来的中国近代历史,研究国家与社会之间的各种张力,拓宽和深化了中国近代社会史的研究,但另一方面也不同程度地忽视了外部因素对中国近代国家与社会变动的影响,而当它将市民社会和"公共领域"理论作为其理论根据时,则又不自觉地重蹈西方中心主义窠臼。美国"新清史"学派在清史研究中主张重视利用满文档案和其他民族的文字,主张重视满族的主体性和满族认同及满族创建清朝的贡献,提倡从满族视角看清朝历史,这对以往学界只讲满汉同化,贬低满族和清朝历史有一定的纠偏意义,但"新清史"学派因此否定满族汉化的历史事实,否认中华民族共同体的形成,以满族认同否认清朝的中国国家认同,显然在方法论上犯了只见树木不见森林的片面病。再如，后现代主义史学提倡微观史学，呼吁加强对非主流社会群体和一些地方性历史的考察和研究，强调注意历史的多样性、随机性、独特性和历史学中的语言学问题，这些主张对修正和拓宽既有历史研究不无启示意义，但后现代主义史学由此滑向历史相对主义和历史虚无主义，否定历史发展规律和历史研究的客观性和科学性，主张以他们所提倡的微观研究取代历史研究的宏观叙事，甚至混淆历史学与文学的界限，将历史编纂看作一种诗化行为，这只能更加降低我们对历史的认识，导致历史研究的随意化、娱乐化和碎片化。

总之，对任何一种范式和理论，我都主张持开放和包容态度，吸收其中有益成分，不问范式与理论，只问是否有助于求得或符合历史真相。就中国近代史研究来说，最具指导意义的还是马克思的历史唯物主义与辩证法。在研究中我们不能因为被一种新范式和理论所迷惑而放弃以马克思主义为指导，捡了芝麻丢了西瓜。

十一、关于如何成为一名出色史学研究工作者及"二冷精神"问题

李：最后的一个问题是，您从事中国近代史研究 30 多年，您认为如何才能成为一名出色的史学研究工作者？您又是如何看待范文澜先生提倡的"二冷精神"的？

崔：范文澜先生的"二冷精神"，个人以为，"坐冷板凳"是每个做学问的人都必须做到的，但"坐冷板凳"未必都能成为大学问家，最后能在文庙分享祭孔"冷猪头肉"殊荣的，只是少数那些"天圆地方"的学者。这里所说的"天圆地方"，指的是那些既甘于"坐冷板凳"，又善于思考、头脑灵敏的学者，这里借用了中国传统宇宙观的说法。甘于"坐冷板凳"，就是中国传统宇宙观所说的"地是方的"；善于思考、头脑灵敏，就是中国传统宇宙观所说的"天是圆的"。至于说要想成为一名"天圆地方"的出色的史学研究工作者，个人以为须做到以下四个统一：

第一，学与思的统一，也就是孔子所说的"学而不思则罔，思而不学则殆"，学与思不可偏废。求学、读书是做学问的基础，也是我们思想或思考的前提，是一个充电过程，不学肯定无术、江郎才尽，不能发电、发光，做出像样的学术成果。但另一方面，光读书，光看史料，只学不思，就会出现孔子所说的迷惑而无所得，缺乏批判精神，不能将知识有效地转化为己有，人云亦云，不会产生自己的问题意识，开展独立研究。总之，史学研究和其他一切学问，本质上都是学与思相互作用的结晶。

第二，博与专的统一，这好比挖坑和建塔，坑要挖得深，坑口相应也要大；塔要建得高，塔基相应也要宽。做学问和史学研究，也是同样道理。我们研究一个历史问题，如果仅就问题论问题,往往很难深入堂奥,洞察历史,至多只知其然,而不知其所以然。当然,所谓通博,并非脱离研究对象,漫无边际,可从两个经纬度加以把握:从纵向角度来说,至少对研究对象的前后历史要有所了解,有助于说清问题的来龙去脉;从横向角度来说,对社会不同领域之间的相互关系要有一个充分的认识,我们研究历史上的一个政治现象,除政治史视角外,对其背后的经济、社会、思想等背景也须加关注。只有这样,才能对历史产生的政治现象做出比较全面、准确的描述和判断。研究政治的,不要完全不关注经济、社会、思想问题。同样,研究经济问题,也要注意政治等其他问题对经济的影响。总之,社会和国家是一个有机体,政治、经济、社会和思想文化之间相互影响、相互关联,这在近代中国表现得尤为明显。要对近代中国历史做出正确的认识和解读,尤其需要博与专的有机统一。极而言之,一项优秀的史学研究成果,肯定都是博与专的结合。通常所说"大处着眼,小处入手",即此之谓。

第三,"出世"与"入世"的统一。所谓"出世",就是要有"为学问而学问"的情怀,甘于寂寞,甘于"坐冷板凳",敢于坚持真理,不为利禄等外在因素干扰和困惑。但另一方面,史学研究和人文科学的研究对象为人类的社会活动,离不开现实关怀,也即要有"入世"精神。只要坚持一种科学的实事求是的态度,"出世"与"入世"、"为学问而学问"与现实关怀和政治之间是不相矛盾的。所谓"为学问而学问",并不意味着学问家不关心世事和现实问题，不食人间烟火，而是指学问家要有一种坚持科学、坚持真理的态度。可以说，古今中外的许多伟大学术著作，很大程度都是"出世"与"入世"两种精神的结晶。

第四，理论与史学研究实践的统一。史学本质上是一门实证科学，讲究有几分史料说几分话，一个优秀的史学研究者一定要熟稔相关史料。但史学研究并非史料学，占有史料并不一定就能做出相应的优秀研究成果。史学研究的对象是既往历史上的人类活动，而要通过史料洞悉人类社会活动，还必须要以哲学和相关理论为指导。学界有影响的史学大家，都具有很好的理论素养。极而言之，所有的社会科学都要有哲学为指导。"哲学社会科学"这一称呼将哲学放在社会科学之首，这是很有道理的。因此，做好历史研究，除了史学训练外，也要加强理论的学习，具备一定的哲学思辨能力。

最后，在结束访谈之前，我想做一点说明的是，在我从事学术生涯的30多年里，曾得到所内外许多老师、同事和友人的提携和帮助，对此一直心怀感恩之情，希望有机会能够专门写下来。回忆在经过时间的过滤和沉淀之后，总是美好和隽永的。